Marcel Hager/Jörg Helmrich

Feuerabend

Entdecken, was uns ausmacht –
Das Männer-Hauskreisbuch

SCM

Stiftung Christliche Medien

SCM R.Brockhaus ist ein Imprint der SCM Verlagsgruppe,
die zur Stiftung Christliche Medien gehört, einer gemeinnützigen Stiftung,
die sich für die Förderung und Verbreitung christlicher Bücher, Zeitschriften, Filme und Musik einsetzt.

© 2019 SCM R.Brockhaus in der SCM Verlagsgruppe GmbH
Max-Eyth-Straße 41 · 71088 Holzgerlingen
Internet: www.scm-brockhaus.de; E-Mail: info@scm-brockhaus.de

Soweit nicht anders angegeben, sind die Bibelverse
folgender Ausgabe entnommen:
Neues Leben. Die Bibel, © der deutschen Ausgabe 2002 und 2006
SCM R Brockhaus in der SCM Verlagsgruppe GmbH Witten/Holzgerlingen.
Weiter wurden verwendet:
Lutherbibel, revidierter Text 1984, durchgesehene Ausgabe in neuer Rechtschreibung, © 1999 Deutsche Bibelgesellschaft, Stuttgart. (LUT)
Elberfelder Bibel 2006, © 2006 by SCM R.Brockhaus in der
SCM Verlagsgruppe GmbH Witten/Holzgerlingen. (ELB)
Bibeltext der Neuen Genfer Übersetzung – Neues Testament und Psalmen,
Copyright © 2011 Genfer Bibelgesellschaft.
Wiedergegeben mit freundlicher Genehmigung.
Alle Rechte vorbehalten. (NGÜ)
Bibeltext der Schlachter Bibelübersetzung. Copyright © 2000 Genfer Bibelgesellschaft. Wiedergegeben mit der freundlichen Genehmigung. Alle
Rechte vorbehalten. (SLT)

Umschlaggestaltung: Kathrin Spiegelberg, Weil im Schönbuch
Titelbild: Ian Keefe/unsplash.com
Piktogramme: Nadine Roskamp, Wuppertal
Satz: Christoph Möller, Hattingen
Druck und Verarbeitung: GGP Media GmbH, Pößneck
Gedruckt in Deutschland
ISBN 978-3-417-26866-9
Bestell-Nr. 226.866

Inhalt

Einleitung &
Bedienungsanleitung

Die Männerszene wächst! – Dieser zugegeben etwas plakative Satz beschreibt dennoch eine Entwicklung der letzten wenigen Jahre, in der sich immer mehr Männer die urpersönliche Frage nach ihrer eigentlichen Berufung stellen. Viele Männer empfinden ihr Leben als fad und öde. In Gottesdiensten ist man entweder total eingebunden und nah dran an der Überlastung oder man(n) sitzt als Konsument den Gottesdienst ab, ohne Inspiration zu verspüren.

Dieses Buch soll eine wichtige Lücke schließen, indem es praktische Ideen vermitteln möchte, wie Männerabende gestaltet werden können, ohne den bisherigen Trott des Sitzens, Schweigens und Konsumierens weiter zu bedienen. Es soll Männern zeigen, dass es noch echte Inspiration gibt und es sich lohnt – egal in welchem Alter –, mit Jesus einen Neustart zu wagen: Es gilt also, die Komfortzone zu verlassen und seine Fähigkeiten und Talente wieder oder vielleicht zum ersten Mal für Gott einzusetzen.

Ein kleiner Hinweis zum Aufbau der Einheiten, eine Art »Bedienungsanleitung«: Jede Einheit beginnt mit der »Skizze«, die den Ort genauer beschreibt, an dem das Treffen der Männer stattfinden soll. »Ziel« und »Thema« sind dazu gedacht, die inhaltliche Richtung der Einheit vorzugeben. Die verschiedenen Fragen dienen zur persönlichen Beschäftigung und Eigenreflexion mit dem Inhalt des Abschnittes und die leeren Zeilen sind für die Antworten oder Notizen gedacht. Wir haben einige Informationsblöcke in die Einheiten eingebaut, damit die Inhalte und Bibeltexte und ihre Wichtigkeit für das Thema klarer werden. Die Beispiele für

»Actionsteps« und »Eisbrecher« sind natürlich nur Vorschläge, die ganz individuell geändert werden können. Zum »tieferbohren« lädt die »Vertiefung« der jeweiligen Einheit ein. An diesen Stellen soll es noch einmal ganz intensiv um das Mannsein vor Gott gehen. »Abschluss« und »Gebet« runden den Abend und das Treffen der Männer ab. Natürlich ist es auch möglich, dass eine Gebetsgemeinschaft stattfindet. Wichtig ist: Den Organisatoren der Männerabende sind alle Freiheiten gegeben. Wichtiger als alles andere ist, dass diese Abende eine Spiritualität erhalten, die sich deutlich vom Rest des Gemeindelebens abhebt und eher an einen »Männerspielplatz« erinnern soll.

Wir freuen uns, wenn dieses Buch dazu verhilft, mehr Männerabende zu bauen und inhaltlich zu bereichern.

Wir wünschen allen Lesern Gottes Segen!

Marcel Hager und Jörg Helmrich

1. Begegnung –
Wenn Gott Ort und Zeit festlegt

Skizze

Männer sammeln sich um ein kleines Lagerfeuer (Feuerschale o.Ä.), am besten an einem wilden und verlassenen Ort. Später werden sie aufgefordert, die Schuhe auszuziehen.

Ziel

Männer sollen erfahren, dass Gott sie **persönlich** anspricht, ihnen **begegnen** will und fromme Masken gegen **ungeschminkte Ehrlichkeit** tauschen möchte.

Thema

Mose, ein gestrandeter Schafhirte und Wüstenwanderer. Das Leben vergeigt. Gestrandet im Exil, Lichtjahre entfernt von den Zeiten des vornehmen Hauses seiner Jugend, geschweige seiner leiblichen Familie. Er lebt in einem fremden Land, einer fremden Kultur und begegnet unverhofft Gott. Diese Begegnung sollte seinem Leben eine neue Richtung geben.

Eisbrecher

Wo warst du schon mal völlig deplatziert und hattest eine kuriose Begegnung, die dir eine neue Richtung aufgezeigt hat?

_____

_____

_____

_____

_____

_____

_____

Bibelstelle: Lies 2. Mose 3,1-6 (Teil 1)
»Mose hütete die Herde seines Schwiegervaters Jitro, des
Priesters von Midian. Eines Tages trieb er die Tiere durch
die Wüste und kam zum Horeb, dem Berg Gottes. Da erschien ihm
der Engel des Herrn in einer Feuerflamme, die aus einem Dornbusch
schlug. Mose sah, dass der Busch zwar in Flammen stand, aber nicht
verbrannte. Das ist ja seltsam, sagte er zu sich selbst. Warum verbrennt dieser Busch nicht? Das muss ich mir näher ansehen.«

Geschichte

Mose hatte bereits ein sehr turbulentes Leben gelebt.
Der aus dem Wasser gezogene Säugling, Adoptivsohn
und schließlich Prinz wird am gefühlten Zenit seines Lebens zum
Mörder, weil er Ungerechtigkeit bekämpfen will. Er verscharrt die
Leiche des Ägypters, kommt auf die Fahndungsliste des Pharaos
und wird zum Flüchtling. Der Lebensbruch könnte größer kaum
sein. Aus dem einstigen wohlhabenden Prinzen wird nun ein Hirte.
Er hält sich damit über Wasser, indem er die Schafe seines Schwiegervaters hütet. Und dies nicht nur als Gelegenheitsjob oder als
Wiedereinstieg, sondern vierzig Jahre lang. Nur die blökenden
Schafe leisten ihm Gesellschaft. Unterwegs durch raue Wildnis
stolpert er ausgerechnet über den Gott seiner Vorfahren, für den
er sich im Zuge seiner eigenen Gerechtigkeit mit seinen eigenen

Methoden starkgemacht hatte und zum Mörder wurde. Er hat Gott weder gesucht noch erwartet. Vielmehr ging er Gott bestmöglich aus dem Weg, und das schon seitLängerem.

Und wir heute? – Wir definieren unser Leben gerne selbst, legen unsere Gerechtigkeit, unsere Ziele, unsere Methoden und Konzepte fest. Kommt Gott in diesen vielen Überlegungen überhaupt vor? Oder ist er bestenfalls eine Randnotiz und wird vielleicht – dann möglichst geräuschlos – zurate gerufen, wenn man(n) wirklich mit dem Latein am Ende oder der Schmerz nicht mehr auszuhalten ist?

Die Gleichung ist doch eigentlich recht einfach: Wenn man(n) nicht zu Gott kommt, dann müssen eben manchmal Ereignisse her, die Gott selbst wieder in den Fokus stellen. Dann passieren Dinge, die auf den ersten Blick nicht logisch sind, die für einen Mann keinen Sinn ergeben, dafür aber die männliche Neugier wecken. Ein brennender Busch, der nicht verzehrt wird und aus dessen Innerem noch eine Stimme ruft, ist so ein »Aufmerksammacher«.

Bibelstelle: Fortsetzung 2. Mose 3,1-6 (Teil 2)

»Als der Herr sah, dass Mose herankam, um es genauer zu betrachten, rief er ihn aus dem Busch heraus: Mose! Mose! Hier bin ich!, antwortete Mose. Komm nicht näher!, befahl Gott ihm. Zieh deine Sandalen aus, denn du stehst auf heiligem Boden. Ich bin der Gott deiner Vorfahren – der Gott Abrahams, der Gott Isaaks und der Gott Jakobs.«

Es geht um die persönliche Begegnung aus nächster Nähe!

Gottes Trumpf im Kampf um dich als Mann ist die persönliche Ansprache. Solange Gottes Worte in Verallgemeinerung und frommen Phrasen vorbeirauschen, wird sich vermutlich wenig ändern. Doch Gott nennt dich bei deinem Namen: »»Mose! Mose!‹ ›Hier bin ich!‹, antwortete Mose.« Der Gott Abrahams hat auch die Aufmerksamkeit Moses gewonnen, indem er seinen Namen laut und vernehmlich ruft. Und nicht nur das: Er fordert den neugierigen

Hirten auf, nicht näher zu kommen und seine Schuhe auszuziehen, denn er steht auf heiligem Boden. Gott selbst stellt sich unmissverständlich vor und gibt sich ehrlich zu erkennen. Er ist der Gott seiner Stammväter, der Bündnispartner von Moses Schwestern und Brüdern.

Dieser Gott durchkreuzt also die Wege Moses und spricht zu ihm wie ein Vater zu seinem Sohn. Später gibt er ihm eine neue Richtung für sein Leben und beruft ihn zu einer großen Aufgabe. Einer gefühlt übergroßen Aufgabe, ein Job, der alles Bisherige toppt. Diese Bekanntschaft mitten in der Wüste, inszeniert mit Feuer und einer Stimme aus dem Gestrüpp, hat wunderbare Bedeutungen, wie Gott uns Menschen begegnet. Der Ort, die Aufforderung, sich seiner Schuhe zu entledigen, wie auch das Feuer, sind keine Willkür oder Kosmetik, sie teilen uns etwas Kostbares mit.

 Actionstep
Ziehe deine Schuhe aus und laufe durch einen Parcours mit unterschiedlichen Untergründen. Oder durchquere einen Bach, Sand, Wasser, Kiesel und Schlamm. Natürlich findest du das zunächst doof oder kindisch, jedenfalls überhaupt nicht männlich. Mose ging es bei der Aufforderung, die Schuhe auszuziehen, vermutlich genauso! Der vielleicht wackelige Untergrund fordert, dass wir das Gleichgewicht behalten, schult den Blick nach vorne und nicht nach unten. Während des Weges ist keine Zeit für Witze, andere Gedanken, weil man(n) sich auf jeden Schritt konzentriert. Am Ende des Parcours sind die Füße schmutzig, vielleicht ist die Hose nass, der Komfort ist für einen Moment weg. Doch genau darum geht es: Erst wenn das Gewohnte weg ist, wird das Ungewöhnliche wahrgenommen.

Vertiefung – Der Ort

Der hektische Alltagswahnsinn ist nicht die richtige Voraussetzung für einen inspirierenden Dialog mit dem Schöpfer. Mose hätte im alten Umfeld vermutlich nicht die Ohren und Sinne für Gott gehabt wie draußen in der Wüste. In der rauen Natur war er allein und abgeschieden. Das alles muss her, damit wir endlich mal wieder Appetit nach mehr erhalten. Erst die Dürre weckt den Hunger nach Gott.

Am Berg Horeb, was so viel bedeutet wie »Ort der Verwüstung«, findet eine unglaublich inspirierende Begegnung mit Gott statt. Verwüstung, das ist auch eine gute Beschreibung, wie es in vielen von uns Männern aussieht. Äußerlich haben wir das meiste mehr oder weniger im Griff, haben uns arrangiert und kommen mit dem Leben klar. Doch innerlich gleichen unsere Seele und unser Herz einem ausgetrockneten und abgestorbenen Landstrich. Exakt hier und nirgendwo anders kann und will Jesus zum Zuge kommen.

Wie viel Wüste ist erforderlich, damit wir heutzutage von Gottes Stimme tief beeindruckt sind? Stattdessen sind wir ständig online, saugen alle Neuigkeiten der Zeit auf oder verbreiten sie weiter. Nur um das Gefühl des »Dazugehörens« zu stillen. Wir wollen nicht abgehängt sein, sondern am Puls der Zeit unseren Beitrag leisten. Doch tief in uns steckt das beinahe unbändige Verlangen nach den echten Antworten unserer Zeit. Der Wunsch nach persönlicher Annahme, nach wachrüttelnder Inspiration durch Gottes Wort.

Vergleich: Nach der Bergpredigt war die Reaktion der Zuhörer auf die Worte Jesu eine sehr einfache: **sie waren tief beeindruckt!** (Lies hierzu Matthäus 7,28 in der Neuen Genfer Übersetzung.)

Tiefer graben

Was hindert dich daran, mal wieder tief beeindruckt zu sein?

Wie heißt dein Ort, wo du dich möglicherweise schon länger versteckst und doch eigentlich gefunden werden möchtest?

Wie würdest du deine persönliche Wüste beschreiben?
Mit welchen Tätigkeiten lenkst du dich ab?
Welche Wünsche und Sehnsüchte hast du?

_____

_____

_____

_____

_____

_____

_____

_____

Vertiefung – Barfuß

Gott befahl Mose aus seiner Deckung zu kommen, seine schützenden Hüllen zur Seite zu legen und sich verletzlich zu machen. Barfuß vor Gott zu kommen, ist eine Einladung, ihn ganz an sich heranzulassen. Die eigene Persönlichkeit, alles, was in uns ist und uns ausmacht, Gott zu offenbaren: Stärken und Schwächen, Zweifel und Ängste, Hoffnung bzw. fehlgeleitete Hoffnung, Wünsche und Scham.

Sich zu öffnen, ist ein Risiko! Manch einer weiß selbst nicht, welche Verletzungen und Enttäuschungen dann zutage kommen. Wir sind darin trainiert, Emotionen und Gefühle, die oft mit Schmerzen einhergehen, gekonnt hinter Markenklamotten zu verbergen.

Ehrlich vor Gott zu kommen, erfordert keine Reinigung oder Heiligung im Vorfeld. Im Gegenteil, wir dürfen und sollen mit schmutzigen Füßen, Hornhaut und zu langen Zehennägel ihm entgegentreten. Klingt nicht appetitlich, ist es auch nicht. Doch Sünde war und wird niemals als appetitlich bezeichnet, sondern als Trennung, die nur Gott wegnehmen kann. Daher ist es wichtig, dass er sich dieser Trennung annimmt: unserer Scham, Geschichte, unerfüllten Wünsche und Bedürfnisse. Dass wir uns mitteilen, Empfindungen aufspüren, Wut und Zorn ehrlich rauslassen, aber auch mutig Fragen stellen und Tränen Platz geben.

Tiefer graben

Was hindert dich, deine Schuhe auszuziehen?

Welche Dinge hindern dich, den heiligen Boden zu betreten? Wo müsstest du zuerst dein Leben in die richtige Spur bringen?

Woher kommen diese Gedanken?

Was denkst du, wie Gott mit deinen schutzlosen, möglicherweise schmutzigen oder verschwitzten Füßen umgehen wird?

Was möchtest du vor Gott, dir selbst oder anderen verbergen?

_____

_____

_____

_____

_____

_____

_____

_____

_____

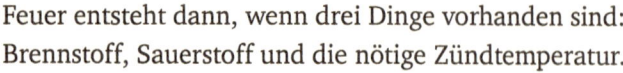 Vertiefung – Feuer

Feuer entsteht dann, wenn drei Dinge vorhanden sind: Brennstoff, Sauerstoff und die nötige Zündtemperatur. Auf den Glauben bezogen ist der Brennstoff Gottes Wort, der Sauerstoff der Heilige Geist und die Zündtemperatur unsere Bereitschaft, Gott zu begegnen.

Mag sein, dass die Rollenverteilung der drei Komponenten variabel ist, doch eines steht fest: Wenn unser Herz mit der Wärme, den liebenden Worten des Vaters und der Kraft des Heiligen Geistes verbunden wird, entsteht echtes Leben. Ein Leben, das brennt und nicht verbrennt. Doch wir müssen uns entzünden lassen. Erst die Nähe zu Jesus liefert die Chance, dass der Funke überspringt. Die von uns vielfach praktizierte sichere Distanz zur Inspiration durch Gott lässt uns oft nur erahnen, dass es brennen könnte, aber durch unseren Abstand springt einfach der Funke nicht über, weil wir es selbst verhindern. Worte des Vaters, die verändern und zur »Zündung« erforderlich sind: **Du genügst vollständig! Du bist wertvoll! Du bist einzigartig! Ich sehe dich!** – Keine Forderungen, kein »Ja, aber …«. Worte, die nur ein liebender Vater in das Herz seines Sohnes nachhaltig und wahrhaftig pflanzen kann. Worte, die heilen und Trost spenden, in unserer Identität treffen und die Kraft besitzen, unsere Persönlichkeit wiederherzustellen. Worte, die uns zu Söhnen und Männern machen und die den Vater widerspiegeln. Doch leider steckt in uns Männern die tiefe Angst, dass Gott uns verurteilt, seine Gegenwart unser Herz verbrennt und seine Glut wegen unserer Fehler verzehrt wird. Wenn Gott mit seinen Flammen Licht in die Dunkelheit bringt, nicht um uns auszulöschen, sondern vielmehr um allen Dreck wie Schlacke im Eisen zu läutern, dann geschehen geistliche Wunder. Seine Liebe ist voller Zorn gegenüber Lügen und unwahren Gedankengebäuden, die uns gefangen halten und unser Leben zerstören. Sein Zorn richtet sich gegen alles, was uns von ihm trennt. – Aber nicht gegen dich persönlich.

Tiefer graben

Wie siehst du Gott?

Was würde seine Liebe in dir verändern?

Welche alten und falschen Hilfskonstruktionen darf er verbrennen?

_____

_____

_____

_____

_____

_____

_____

Parallelstellen zu Feuer

»Denn stark wie der Tod ist die Liebe und ihre Leidenschaft so unentrinnbar wie das Totenreich. Ihre Glut lodert wie Feuer; sie ist eine Flamme des Herrn« (Hohelied 8,6).

»Gott ist Liebe« (1. Johannes 4,16).

»Und ich will ihnen ein anderes Herz geben und einen neuen Geist in sie geben und will das steinerne Herz wegnehmen aus ihrem Leibe und ihnen ein fleischernes Herz geben« (Hesekiel 11,19; LUT 84.)

Abschluss

Gott will dir in den abgelegenen Orten und Winkeln deines Herzens begegnen. Er fordert dich auf, echt und ehrlich zu sein. Gott möchte dir Liebe durch Annahme zusprechen und dich aus dem dunklen Kerker deiner selbst befreien.

Gebet

Vater, ich danke dir, dass du mir begegnen willst und die Verbindung zwischen dir und mir auf deine Weise wiederherstellen möchtest. Ich danke dir, dass du für diese Begegnung dein Liebstes gegeben hast: Jesus Christus. Danke, Jesus, dass du diesen Weg beschritten hast und am Kreuz auch meinen Namen im Sinn hattest! Lass mich ehrlich sein vor dir und schenke mir Mut, aus der Deckung zu kommen, um von dir von aller Last befreit zu werden. Amen.

2. Beauftragt – Wie Gott uns gebrauchen möchte

Skizze
Männer dürfen in dieser Lektion ihre Muskeln spielen lassen. Durch das Anheben von Gegenständen, seien es große Steine oder Gewichte, Baumstämme, Möbel, Tische, usw., soll verdeutlicht werden, dass die eigene Kraft endlich und Gottes Kraft unendlich ist! Die Männer werden aufgefordert, einen – der eigenen Kraft entsprechenden – Gegenstand auszusuchen, hochzuheben und möglichst lange in dieser Position zu halten.

Ziel
Männer sollen verstehen, dass jeder Einzelne beauftragt ist und Gott mit ihm eine eigene Geschichte schreibt.

Thema
Gott hat Ideen und Aufträge für das jeweilige Leben, auch wenn das den Menschen nicht immer klar ist. Mancher weiß nichts von einem konkreten Auftrag, andere sind unentschlossen, können nicht erkennen, welcher der vielen Jobs nun der richtige ist, und »eiern« herum. Ein Indiz für einen göttlichen Auftrag ist, dass er oft zu groß und unschaffbar erscheint.

Eisbrecher

Was ist dein Lebensziel? Welche Vision in deinem Leben ist zu groß, um wahr zu sein? Auch die etwas platte Frage nach dem Sinn deines Lebens gehört betrachtet. Denn ohne Sinn gibt es auch selten ein Ziel!

_____

_____

_____

_____

_____

_____

Bibelstelle: Lies 2. Mose 3,7-10

»Und der HERR sprach: Ich habe das Elend meines Volks in Ägypten gesehen und ihr Geschrei über ihre Bedränger gehört; ich habe ihre Leiden erkannt. Und ich bin herniedergefahren, dass ich sie errette aus der Ägypter Hand und sie herausführe aus diesem Lande in ein gutes und weites Land, in ein Land, darin Milch und Honig fließt, in das Gebiet der Kanaaniter, Hetiter, Amoriter, Perisiter, Hiwiter und Jebusiter. Weil denn nun das Geschrei der Israeliten vor mich gekommen ist und ich dazu ihre Not gesehen habe, wie die Ägypter sie bedrängen, so geh nun hin, ich will dich zum Pharao senden, damit du mein Volk, die Israeliten, aus Ägypten führst« (LUT 84).

Geschichte

Seit der Verheißung Gottes an Abraham wartet das Volk Israel über vierhundert Jahre, um endlich in Freiheit und in einem eigenen Land zu leben. Das Volk wird unterdrückt und zu Fronarbeit gezwungen. Die harte Arbeit sollte ihnen das

Leben schwer machen und ihre Anzahl verringern. Vier Generationen sind mittlerweile vergangen.

Nun sagt Gott zu Mose, dass er gekommen ist, das Volk zu befreien und sie in ein schönes weites Land zu führen. Ausgerechnet Mose, ist das nicht irgendwie verrückt? Mose, der ein Mörder, Flüchtling und Hirte fremder Schafe war. Ausgerechnet ihn beruft Gott zum Anführer einer der größten Befreiungsaktionen der Weltgeschichte.

Die Bibliotheken dieses Planeten sind voll Geschichten von »Weltveränderern«. Menschen, die mit einer genialen Idee, mit unfassbarem Mut, außerordentlicher Hingabe und Gottvertrauen Dinge bewegt oder geschaffen haben, die uns den Mund offen stehen lassen. Doch wenn man genau hinschaut, beginnen die meisten dieser Geschichten mit einer Person, mit einer Kleinigkeit oder einem Augenblick, der von außen betrachtet unscheinbar und fast schon vernachlässigbar aussieht.

Wer von uns möchte nicht auch ein solcher Held sein, ein Supermann, James Bond, Albert Einstein oder Leonardo da Vinci? Doch das Selbstbildnis im morgendlichen Spiegel holt uns hart in unsere ehrliche Welt zurück und reduziert unser Heldentum auf die einfache Formel: »Lass mich den Tag einfach überleben! Irgendwie.« In der Übersetzung *Neues Leben* heißt es: »*Nun geh, denn ich sende dich (…). Du sollst mein Volk (…) aus Ägypten führen*« (2. Mose 3,10).

Gott will die größte Rettungsaktion nicht alleine machen. Er sucht sich Menschen, die sich ihm hingeben und durch die er wirken kann. Ein Gedanke, der die Stirn in Falten legt! Wenn Gott sich Menschen zur Hilfe sucht, neigen wir zum Urteil, dass er es alleine wohl nicht schaffen kann. Doch eine andere Tatsache ist der Grund: Er **will** es nicht alleine schaffen!

Und Mose? Meinst du vielleicht, ihm erging es anders? Mitnichten! Die persönliche Begegnung mit Gott war nur der Anfang. – »*Ich sende dich*« und »*Du sollst*«, das sind keine Fragen. Es sind klare Anweisungen.

Vertiefung – Der Auftrag ist zu groß

Es gibt Aufträge, die unlösbar und beinahe vermessen erscheinen. Doch weil der Auftraggeber kein Geringerer als Gott persönlich ist, wird mit dem Auftrag auch gleich die Fähigkeit zur Umsetzung mitgeliefert. Beispiele hierfür gibt es reichlich. Die Geschichte der Menschheit beginnt mit folgendem Auftrag:

»Seid fruchtbar und vermehrt euch, bevölkert die Erde und nehmt sie in Besitz. Herrscht über die Fische im Meer, die Vögel in der Luft und über alle Tiere auf der Erde« (1. Mose 1,28).

»Jesus sagte zu seinen Jüngern, bevor er ging: »… geht zu allen Völkern und macht sie zu Jüngern. Tauft sie im Namen des Vaters und des Sohnes und des Heiligen Geistes und lehrt sie, alle Gebote zu halten, die ich euch gegeben habe« (Matthäus 28,19-20).

Die gerade genannten Verse sind zentrale Beispiele für Beauftragungen, die Gott an die Menschen gibt. Jedoch ist der Auftrag Gottes viel vielschichtiger! – Wir sind beauftragt und berufen, Menschen in die Freiheit zu führen, Kranke zu heilen und Blinde sehend zu machen. Jesus fordert uns heraus, übers Wasser zu gehen, auf Schlangen und Skorpione zu treten und Dämonen auszutreiben. Die ganze Bibel ist voll von Nadelöhren und Löwengruben, von Aufgaben und Visionen, die unmöglich erscheinen, um Menschen ins Leben zu bringen. Das Dilemma der Aufträge, die Gott uns gibt, ist, dass sie immer zu groß erscheinen, realitätsfremd und überfordernd. Größer als unsere Möglichkeiten und weiter als unsere Reichweite.

In Jesaja 55,9 lesen wir treffend: *»Denn so viel der Himmel höher ist als die Erde, so viel höher stehen meine Wege über euren Wegen und meine Gedanken über euren Gedanken.«* Unser Problem ist das gleiche, das auch Mose hatte. Wir sehen nicht das, was Gott sieht. Mit unseren Augen sehen wir nur unsere eigene Geschichte, unsere beschränkten Möglichkeiten und werfen unsere Blicke auf die offensichtlich unzulänglichen Umstände. Wir schauen auf unsere Muskeln, auf unsere Erfahrung, auf unser Netzwerk, auf unsere finanziellen Mittel, auf die Umstände, die Unmöglichkeiten, den Alltagswahnsinn. Nach Addition aller Aspekte heißt unsere nüchterne Analyse dem Auftrag Gottes gegenüber: »Vergiss es, Gott! Das kann nicht funktionieren. Nicht so. Nicht mit mir!« Wie viele Möglichkeiten, wie viel Segen blieben in deinem Leben bereits ungenutzt, weil du einen göttlichen Auftrag mit deiner Begrenztheit verglichen hast und zu dem vermeintlich logischen Schluss kamst, dass dieses Ungleichgewicht zum Scheitern führen wird. Was wäre gewesen, wenn Jesus das auch so gesehen hätte und nicht seine zwölf Jünger berufen, sondern zu seinem Vater gesagt hätte: »Hab ich dir doch gesagt, dass das so nicht klappt! Die Typen sind einfache Leute, Fischer und Betrüger. Mit denen wird das nichts!« Doch Gott denkt anders! Er legt in dich alle Kraft hinein, die er hat. Das ist sehr viel. Es ist dieselbe Kraft, die Jesus aus dem Grab geholt hat! Auch in der Begebenheit, die in Johannes 6,1-13 beschrieben wird, als Jesus fünf Brote und zwei Fische vermehrte, sehen die Jünger nur auf ihre eigenen Möglichkeiten. Die große Menschenmenge sollte satt werden, doch da waren nur fünf Brote und zwei Fische. Das war exakt das, was die Jünger sahen. Doch Jesus sah etwas anderes. Er nahm die Brote und Fische, dankte Gott und gab sie den Menschen. Gottes Macht lässt das Unmögliche möglich werden!

 Tiefer graben

Welchen Auftrag, den Gott dir gab, hast du aus Vermessenheit abgelehnt?

In welcher Situation hast du zu klein von Gott gedacht?

Was siehst du, wenn du dich und dein Leben anschaust?

Wo kannst du wieder mehr für das dankbar sein, was dir zu klein und zu wenig erscheint?

_____

_____

_____

_____

_____

_____

Actionstep

Suche einen Gegenstand, der der Größe und dem Gewicht deines Traumes oder deines Rufes entspricht. Kannst du ihn heben oder bewegen? Beschreibe den Gegenstand und erzähle deine persönliche Vision.

_____

_____

_____

_____

_____

_____

_____

Vertiefung – Der richtige Blickwinkel

Nachdem Gott Mose beauftragte, seine Idee umzusetzen, lesen wir in den folgenden Versen, wie Mose mit Gott diskutierte, stritt und sich in Ausreden flüchtete. Die großen Fragen, die Mose damals und uns heute beschäftigen, wenn wir die zu großen Aufgaben vor uns sehen, sind: »Wie soll das gehen? Wie kann ich dieses Ziel erreichen? Wie komme ich dahin? Wie kann ich es tun?« Doch Gott geht oft nicht auf die Frage des »wie« ein. Weil es nicht immer darum geht, »Wie« etwas funktionieren oder nicht funktionieren könnte. Vielmehr möchte er unsere Aufmerksamkeit weg von uns, unserem Problem oder unseren beschränkten Möglichkeiten und hin auf ihn lenken. Dem »Wer«!

»*Ich werde mit dir sein*«, sagte Gott zu Mose (2. Mose 3,12) und spricht weiter: »*Ich bin, der ich bin*« (2. Mose 3,14; ELB). Er beantwortet unsere Frage somit mit einem Wort, das uns vielleicht keine Hilfe zu geben scheint. Er sagt dir, dass Gott selbst der »Ich bin, der ich bin« ist, dass der »Ich bin der Weg«, »Ich bin das Brot«, »Ich bin das Leben«, »Ich bin der Weinstock«, »Ich bin das Licht« und »Ich bin die Wahrheit« dich zu diesem Auftrag erwählt hat und durch dich zu seinem Ziel kommen möchte! Du bist nicht irgendwer! Du bist enorm wichtig und von unschätzbarem Wert. Und Jesus möchte etwas durch dich erreichen! Ist das nicht beeindruckend? Jesus möchte dein Potenzial zur vollen Entfaltung bringen. Er ist der Weg. Er ist die Lösung. Er ist die Ressource, die uns fehlt. Er ist das Licht im Dunkel unseres vielleicht verkorksten Lebens. Er ist »Der ich bin« und damit die ultimative Antwort auf unser »Wie«. Gott lädt uns ein, Teil seines Plans zu werden. Doch anstatt dass wir seiner Einladung folgen, plagt uns die Angst, dass wir es nicht packen. Der Auftrag übersteigt womöglich unser Denken und wir scheitern, weil wir Gott einfach aus der Gesamtrechnung ausklammern, nur als »frommes Beiwerk« und eben nicht als die wahre Kraftquelle betrachten. Wir möchten es alleine schaffen, ja noch mehr: Wir glauben, es alleine schaffen zu müssen. Wir konstruieren uns das Bild eines Gottes, der uns einen Auftrag gibt und sich anschließend zurückzieht. Dies ist eine gefährliche Denke! Doch bedenken wir: Ein scheinbar zu großer Auftrag führt uns in eine gesunde Abhängigkeit zu Jesus und lehrt uns ein Leben im Vertrauen auf ihn. Der Glaube wächst und wird tief verwurzelt, wenn wir uns auf zu große Aufgaben einlassen. Unsere Kraft und unsere Möglichkeiten kommen an ihre Grenzen, damit seine Unbegrenztheit für uns erlebbar und durch uns sichtbar für alle wird.

Die Frage lautet also nun nicht »Wie?«, sondern vielmehr »Wer?«. Und die Antwort darauf heißt: »Er durch dich!«

Vertiefung – Vertrauen lernen

Jesus sandte 72 Jünger aus, wie Lämmer unter die Wölfe zu gehen, Kranke zu heilen und die gute Botschaft zu bringen (Lukas 10). Er gibt ihnen den Auftrag, sich auf riskante und neue Erfahrungen einzulassen. Dazu gibt er ihnen die Anweisung, barfuß zu gehen und keine Kleider oder Geld mit auf die Reise zu nehmen. Wieder so ein Auftrag, dem scheinbar die Ressourcen fehlen und unmöglich erscheint. Seine Botschaft war kein Modell, wie die Jünger zukünftig ihr Leben meistern sollen, sondern vielmehr ein Trainingslager der Disziplinen »elementare Ungesichertheit« und »Vertrauen«. Die Absichten, die Jesus hier verfolgt, sind offensichtlich. Dein Vertrauen soll nicht auf dem ruhen, was du hast oder kannst, sondern vielmehr darauf, dass Jesus aus nichts enorm viel machen kann.

Stell dir vor, du wärst damals dabei gewesen, als Jesus die Brote und Fische vermehrte (Matthäus 14,13-21). Aus nur fünf Broten und zwei Fischen werden nicht nur Tausende Menschen satt, sondern es bleiben auch exakt zwölf Körbe übrig. Für jeden Jünger ein Korb. Was genau mussten die Jünger damals machen? Sie mussten ihm nur vertrauen. Also gingen sie mit leeren Händen immer wieder zu Jesus. Sie verteilten die Mahlzeit an die Menschen, nachdem Jesus aus wenigem sehr viel, sogar zu viel, gemacht hatte! Jesus möchte dir einen Auftrag geben! Ob wir mit leeren Händen »zu wenig« Brot oder »zu wenig« Fisch austeilen oder ob wir mit leeren Hosentaschen in ferne Städte ziehen, um Kranke zu heilen, unsere Herausforderung im Leben mit Gott ist stets dieselbe: auf ihn zu schauen, ihm zu vertrauen anstatt auf unsere eigenen unzureichenden Mittel! Nicht unsere Möglichkeiten, sondern seine sind entscheidend. Wir dürfen – ja sollen – mit leeren Händen zu ihm kommen und staunen. »Herr, sogar die Dämonen gehorchen uns, wenn wir sie in deinem Namen austreiben« (Lukas 10,17). schwärmen die Jünger nach dem »Trainingscamp«. Jesus macht ihnen nochmals klar, wo die Kraft her kommt und wer da durch sie hindurch wirkt: »*Ich habe euch die Vollmacht über den Feind gegeben; ihr könnt unter Schlangen und Skorpione umhergehen und sie zertreten [...]*« (Lukas 10,18-19).

 **Abschluss**
Gottes Auftrag scheint oftmals zu groß für uns zu sein. In der Nachfolge geht es genau darum. Er will mit und durch uns die Welt zu einem besseren Ort machen. Er will durch dich Menschen heilen, befreien und segnen. Doch nicht mit deiner Kraft, sondern im Vertrauen auf ihn. Lässt du ihn Unmögliches möglich machen?

 **Gebet**
Vater, wir danken dir, dass es im Leben nicht auf das ankommt, was wir haben oder mitbringen. Überhaupt liegt der Erfolg eines Auftrages nicht in unserer Hand, sondern wird durch dich ausgedrückt und geschaffen. Wir dürfen an deinem großen Werk mitarbeiten, das bewegt uns sehr. Diese Tatsache können wir leider nur ganz selten wirklich erfassen. Wir bitten dich, hilf uns deine vielfältige Macht zu erkennen, deine Kraft, deine Weitsicht, deine Intelligenz aufrichtig in Anspruch zu nehmen und dir zur Verfügung zu stehen. Amen.

3. Ebenbild – Wie Gott uns sieht

Skizze
Männer sollen den Mut entwickeln, sich mitzuteilen. Eine Lektion, die viele Männer gerne vermeiden. Männer reden gerne über den anderen oder über eigene Heldentaten, aber selten über das eigene Seelenleben. Genau darum soll es heute gehen.

Ziel
Wir sind bedeutend und berufen. Daher gilt die Reihenfolge: Wir sind und wir tun. Je mehr wir unsere Bedeutung kennen, desto besser können wir unsere Berufung leben.

Thema
Leider vertauschen wir Männer diese Reihenfolge jedoch zu oft. Wir missbrauchen unsere Fähigkeiten, Talente und Leidenschaften dazu, unsere eigene Bedeutung zu finden, anstatt aus ihr einem größeren Auftrag zu folgen.

Eisbrecher
Stellt euch einander vor. Achtet darauf, dass ihr nicht über die Dinge sprecht, die ihr tut, sondern darüber, wer ihr seid. Jeder hat maximal 45 Sekunden Zeit. Wer bist du?

Bibelstelle: Lies 2. Mose 3,11

»Wer bin ich, dass ich zum Pharao gehen und die Israeliten aus Ägypten führen sollte?«

Geschichte

40 Jahre lang lebt Mose in der Wüste und zweifelt an Gott und sich selbst. Plötzlich, buchstäblich wie aus dem Nichts, gibt Gott sich ihm persönlich zu erkennen. Er spricht mit ihm über seine Berufung, gibt ihm einen Auftrag und verheißt ihm eine Zukunft. Das Gespräch hat aber noch tiefere Absichten als die Berufung des Mose und ein ganzes Volk in die Freiheit zu führen: Mose selbst sollte aus der Gefangenschaft der eigenen Selbstzweifel und Anklagen befreit werden. Seine Reaktion auf die Aufforderung, viele Menschen in ein Land zu führen, in welchem Milch und Honig fließen sollen, ist: »Wer bin ich?« – Kennst du diese Frage? Mose erhielt einen irrsinnigen und unglaublichen Auftrag. Kein Wunder also, dass seine Reaktion so ausgefallen ist. Denn eine große Aufgabe benötigt ein starkes Selbstbewusstsein. Die Möglichkeit, zu scheitern, Fehler zu machen, abgelehnt zu werden oder einfach auf ganzer Ebene zu versagen, erfordert ein festes Fundament. Sonst wäre man einfach total übergeschnappt oder lebensmüde. Man muss schon wissen, wer man ist, um sich in die Höhle des Löwen zu wagen. Für Mose bedeutete dies, zurückzugehen, sich seinem Verfolger zu stellen wie auch seiner Familie, die er im Stich ließ. Als ob das nicht schon genug wäre, sollte er mit dem Pharao um die Befreiung der Israeliten ringen und seinen Verwandten als Anführer vorweggehen. Er, der sich für Jahrzehnte versteckt hatte.

Tiefer graben

War es logisch, dass Mose an sich zweifelt?
Wie sehen deine Zweifel aus?

Wie heißen deine Ängste?

Welcher Gedanke steckt hinter diesen Ängsten?

_____

_____

_____

_____

_____

_____

_____

Vertiefung – Zwei Reaktionen

Es gibt zwei Reaktionen, wie wir mit zu großen Aufgaben umgehen können: Entweder wir stürzen uns in die Aufgabe, in der Hoffnung, dass wir dadurch unseren angeschlagenen Selbstwert durch mögliche Erfolge aufpolieren können. Oder wir ziehen uns ganz aus der Affäre, aus Angst, zu versagen und um nicht abgelehnt zu werden. Wir definieren uns über Leistung, darüber, dass wir Erfolge erzielen, Lösungen finden oder Rekorde brechen. Das sind die Männerdinger, die Spaß machen. Deshalb suchen zahlreiche Männer ihre Bedeutung im Tun, während andere wiederum bestimmte Dinge absichtlich nicht tun, um beim Versagen oder Nichterreichen eines Zieles nicht schlecht dazustehen. Entweder wir erwarten etwas durch unser Handeln oder wir versuchen krampfhaft etwas zu vermeiden. Ob wir etwas tun oder etwas zu vermeiden versuchen, unser Verhalten ist immer an die eine große Frage gekoppelt: **Wer bin ich?** Solange diese Frage nicht geklärt ist, sind wir nicht in der Lage, eine große Aufgabe zu erfüllen, ohne dass wir daran zugrunde gehen. Entweder durch Stolz oder Angst, beides hat seine Wurzel im Minderwert.

Elia hat zum Beispiel Angst, nachdem sich sein göttlicher Auftrag als eine »Todesfalle« entpuppt. Er flieht, versteckt sich in der Wüste und wünscht sich das Ende seines Lebens herbei. Gott aber führt ihn auf übernatürliche Weise 40 Tage und Nächte später zum Berg Horeb, wo er damals auch Mose begegnet war. Diesmal weckt er die Aufmerksamkeit nicht durch einen brennenden Busch, sondern durch Sturm, Erdbeben und Feuer. Bevor Elia durch eine leise Stimme Gottes einen neuen Auftrag erhält, fragt ihn dieser folgende Schlüsselfrage: »*Was tust du hier, Elia?*« (1. Könige 19,9). Gott fragt Elia zuerst nach seinem Tun und Elia rechtfertigt sich: »*Ich habe dem Herrn, Gott, dem Allmächtigen, von ganzem Herzen gedient*« (1. Könige 19,10). Die Art und Weise, wie Elia antwortet, verrät viel über seine Herzenshaltung: Elia sieht sich selbst als einen Arbeiter *für* Gott. Sein Wert hängte von seinem Tun ab, Erfolg und Misserfolg entschieden über seine Selbstsicht. Inmitten seiner größten Niederlage und der folgenden Identitätskrise überführt Gott nun Elia, indem er ihn über sein Handeln ausfragt. Sein Lebensstil und Glaubensmuster werden kräftig durchgeschüttelt und halten nicht stand. Am Ende kümmert sich Gott durch eine leise und sanfte Stimme um das Herz des Elia. Er stellt die Beziehung wieder her und gibt ihm Kraft und Liebe. Er macht ihm deutlich, dass seine Liebe nicht abhängig von seiner Leistung ist, sondern das Fundament Gott persönlich ist.

 ### Vertiefung – Ich bin ich!

In all seinen Zweifeln und Fragen gab Gott sich Mose zu erkennen und sagte von sich: »*Ich bin, der ich bin*« (2. Mose 3,14; ELB). Wir lieben diese Aussage über die Persönlichkeit Gottes, jedoch ist sie einfach und komplex zugleich. »*Ich bin, der ich bin.*« – Gott sagt hier: Ich bin so, wie ich bin. Die Ruhe in sich, selbstbewusst und stark. Gott forderte Mose auf, an seiner Seite zu gehen. Ihm ähnlich zu sein. In Gott ein ganzes »Ja« zu sich selbst zu entwickeln und die eigenen Stärken und Schwächen zu bejahen. Friede mit Gott bringt Frieden mit mir selbst. Der »Ich bin, der ich bin« fordert mich heute nun auf, sein Ebenbild zu werden, damit auch ich von mir sagen kann: Ich bin, der ich bin. Das hört sich unverschämt, arrogant und befreiend zugleich an. Ich darf ich sein. Du darfst du sein. Gott sagt mit ganzem Herzen »Ja« zu mir und dir. Er gibt mir nicht nur die Erlaubnis, ich selbst zu sein, sondern fordert mich sogar dazu auf. Diese Wahrheit ist unglaublich entspannend.

 **Actionstep**
Verfasse in den nächsten Zeilen eine Beschreibung der wahren Persönlichkeit deines Gegenübers aus der Perspektive deines himmlischen Vaters. Wie sieht er den Mann, der dir gegenübersteht? Was denkt er über ihn? Was liebt er an ihm? Oder schreibe die »Persönlichkeitsbeschreibung« auf einen Zettel und überreiche diesen an dein Gegenüber. Tauscht euch im Anschluss darüber aus.

_____

_____

_____

_____

_____

_____

_____

_____

_____

 **Vertiefung – Zuerst der Wert, dann die Aufgabe**
Bevor wir eine Aufgabe ausführen, sollten wir uns unserer Identität im Klaren sein. Wenn unsere Stärke und Persönlichkeit in Gott verwurzelt sind, wir unsere Kraft und Lebensenergie aus ihm beziehen, sind wir nicht nur in der Lage, große und schier unmögliche Aufgaben zu meistern, sondern laufen auch nicht in die Gefahr, dass wir uns darüber definieren. Nach der Berufung des Mose war es wichtig, mit ihm seine Identität und auch die Beziehung zwischen Gott und Mose zu klären. Erst danach machte sich Mose auf den Weg. Eine andere Reihenfolge macht auch keinen Sinn, denn wir tun nicht etwas, um Wert zu erhalten oder geliebt zu werden. Wir sind geliebt und wertvoll, deshalb tun wir etwas. Je mehr wir wissen, wer wir sind und wie Gott uns sieht, desto mehr können wir unserer Berufung folgen, egal wie verrückt sie auch klingen mag.

 **Abschluss**
Unsere Aufgabe ist also abhängig von unserem Wert, nicht umgekehrt. Darum ist es von entscheidender Bedeutung, dass wir unseren Wert kennen, bevor wir unserem Ruf folgen.

 **Gebet**
Vater, danke, dass du uns wertvoll machst, weil du nur Gutes mit uns im Sinn hast. Vergib mir, wo ich mich über meine Heldentaten und Aufgaben definiere und dir damit Ehre nehme. Mach mir und den Männern hier deutlich, dass unser aller Wert in dir verborgen ist und dir alle Macht zur Verfügung steht. Amen.

4. Befähigt – Was ist in meiner Hand?

Skizze

Erkennst du deine eigenen Chancen und Möglichkeiten? Heute steht die Frage im Raum, die auch Gott dem Mose stellt:»*Was hast du da in der Hand?*« (2. Mose 4,2). Männer erhalten die Chance, sich zu äußern, ihren Antrieb im Alltag zu erklären. Dadurch lernen sie sich selbst und auch gegenseitig persönlicher kennen.

Ziel

Männer sind gerne die Macher! Wir lieben oftmals Werkzeug und vertiefen uns in Arbeit. Darüber definieren wir uns, machen uns wichtig und wollen uns letztlich Anerkennung erarbeiten. Doch bei Gott geht es um die Person und die grundlegende Befähigung. Deine tolle Bohrmaschine oder deine finanziellen Reserven sind hier nicht wichtig. Es geht um das, was du bist, deine Persönlichkeit mit deinen Fähigkeiten und Talenten als ein göttliches Geschenk anzunehmen. Denn das, was Gott uns gibt, was wir in unseren Taschen mit uns tragen, ist genau das Richtige, um unsere Berufung leben zu können.

Thema

Nachdem Gott Mose einen Auftrag gab, mit ihm über seinen Wert und Identität gesprochen hatte, hat Mose sicher die nächste Fragen geäußert: »Was steckt in mir?« – »Was kann ich denn schon?« – »Was habe ich nicht?« Die mögliche Reaktion, die Mose sehr rasch hervorbringt, war eindeutig: »Schick doch einen andern!«

Eisbrecher

Die Männer sollen spontan ihre Hosen- und Jackentaschen ausleeren. Alle Dinge dürfen auf den Tisch gelegt werden. Vom schmutzigen Taschentuch bis zum Geldschein, alles wird dabei sein. Dieses Ausleeren erscheint einerseits banal, ist dennoch ein Eingriff in die Persönlichkeit und eine kleine Offenbarung eigener Werte.

Bibelstelle: Lies 2. Mose 4,1-5

»Doch Mose protestierte erneut: Aber sie werden mir nicht glauben und nicht auf mich hören. Sie werden einwenden: ›Der Herr ist dir nicht erschienen!‹ Da fragte der Herr ihn: Was hast du da in der Hand? Einen Hirtenstab, antwortete Mose. Wirf ihn auf den Boden, befahl ihm der Herr. Mose gehorchte und der Stab verwandelte sich in eine Schlange. Mose lief vor ihr davon. Da befahl ihm der Herr: Pack sie beim Schwanz. Mose packte die Schlange und sie wurde in seiner Hand wieder zum Hirtenstab. Wenn sie das sehen, werden sie glauben, dass dir der Herr, der Gott ihrer Vorfahren – der Gott Abrahams, der Gott Isaaks und der Gott Jakobs –, erschienen ist.«

Geschichte

Trotz einer göttlichen Begegnung und klaren Berufung bockt Mose. Sogar dann protestiert er noch, obwohl Gott ihm seine Liebe, Annahme und Wertschätzung zugesprochen hat: »*Sie werden mir nicht glauben und nicht auf mich hören.*« Neben der Frage »Wer bin ich schon?« steht die nächste im Raum: »Was habe ich denn?« Wenn uns die Größe des göttlichen Rufes nicht schon in Angst versetzt und die Zweifel über Gottes Liebe zu uns nicht zermürben, dann tut dies oft die eigene negative Sichtweise über unsere Fähigkeiten und Talente. Mose zweifelt an sich und an seinen Möglichkeiten. Er kann es sich partout nicht vorstellen, dass er den Pharao überzeugen kann, geschweige denn überhaupt ein Wort herausbringen würde. »*Sie werden mir nicht glauben.*« Doch darum geht es überhaupt nicht. Die Gefahr der eigenen Blamage lähmt uns. Die Angst, etwas zu tun, was andere seltsam finden, lässt uns erstarren. Wie viel Potenzial geht dadurch verloren? Wie oft hast du als Mann, Vater, Ehemann oder Sohn nicht so gehandelt, wie es die Situation erfordert hat, weil du Angst vor einer Blamage hattest? Wie oft hast du dich hinterher geärgert, der Lähmung nachgegeben zu haben? Mose war von dem Gedanken auch gelähmt, ein Volk zu führen.

Kennst du diese Zweifel?

Ja, es gibt sie wirklich, diese Tage, an denen alles wie geschmiert läuft. Tage, die mit Sonnenschein beginnen und an denen du im morgendlichen Spiegel ein Gesicht siehst, das du gerne kämmst und rasierst. Vielleicht denkst du auch: »Du geiler Typ!« Du könntest die ganze Welt umarmen, weil der gestrige Tag schon der Hammer war, und der heutige Tag scheint ebenfalls sehr vielversprechend zu beginnen. Aber es gibt auch die anderen Tage, die schon damit starten, dass du Angst vor dem ersten Schritt hast. Das sind Momente, die dich wie ein Blitz treffen. Tage, die aus 150

% Zweifel bestehen, obwohl gestern noch alles gut lief. Während dich gerade die Gedanken dominieren: »Wer bin ich schon« und »Ich pack das nicht! Ich habe die Hosen voll!«, tritt Gott persönlich zu dir und stellt dir – genauso wie Mose – eine entwaffnende Frage: ‚**Was hast du in deiner Hand?**‘

Brillant! Er trifft den Nagel voll auf den Kopf! Was hat Mose in seiner Hand? Einen Hirtenstab. Ein hölzerner, möglicherweise alter und gebrauchter Stab. Doch dieser Hirtenstab steht symbolisch für alles, was Mose in seiner »Hand« hält. Der Stab steht für seine eigene Geschichte, für seine Erfahrungen und Fähigkeiten. Alles, was er bis jetzt erlebt und gelernt hat, daher natürlich in sich trägt, drückt sich in diesem Stab aus. Seine Fähigkeiten zu führen, wenn auch nur die Schafe des Schwiegervaters, war offensichtlich genauso enthalten wie auch der Umgang mit Besitztümern anderer. Er hat auch reichlich Erfahrung in der Wüste gesammelt. Mut, Entschlossenheit, ebenso wie seine Leidenschaft für Gerechtigkeit beweisen seine Geschichte, als er sich gegen die Ungerechtigkeit eines ägyptischen Sklaventreibers stellte. Das Problem von Mose war nicht, dass er nur diesen Stab in der Hand hatte. Das eigentliche Problem war, dass er nicht wusste, was dieser Stab für eine Bedeutung hatte. Unser größtes Problem ist doch, dass wir unsere Geschichte, Erfahrungen und Fähigkeiten nicht als wertvoll bewerten, sondern es als ungenügend oder zu wenig einstufen: »Ich kann das nicht! Ich habe nichts! Ich bin zu klein, zu dick, zu unsportlich, zu doof …« Die andere Seite der Medaille ist doch, dass wir oft denken, dass jeder auch das kann, was wir können. Folglich suchen wir nach dem Besonderen, dem Kick und Außergewöhnlichen. Jedoch finden wir es aber nicht, da es nur in den Augen der anderen etwas Besonderes ist. Unsere Talente erscheinen uns manchmal so natürlich, dass wir sie nicht als individuellen Wert annehmen und darauf aufbauen. Doch die Wahrheit ist, dass alles, was wir benötigen, bereits in uns vorhanden ist. Es ist uns von Gott geschenkt und von ihm in uns hineingelegt. Wir sind dazu berufen, diesen Fähigkeiten und Begabungen zu vertrauen. Daher ist es auch ganz wichtig, in der Gesellschaft unseren Platz einzunehmen und Verantwortung zu übernehmen.

Actionstep

Suche dir einen Gegenstand aus dem Fundus deiner Hosentasche, der deine Geschichte, Erfahrung und Fähigkeiten symbolisiert. Wichtig ist, dass du anhand dessen, was du in deiner Hand hältst, dem, was in dir drinsteckt, Ausdruck verleihen kannst. Teilt einander mit, womit Gott euch ausgerüstet und gesegnet hat.

Vertiefung – Mutig loslassen

»›Wirf ihn auf den Boden‹, befahl ihm der Herr‹« (2. Mose 4,3a). Was macht Gott da? Er fordert Mose auf, den Stab auf den Boden zu werfen. Oder mit anderen Worten: Das Einzige, was Mose zum Plan Gottes beitragen kann, soll er loslassen und auf den Boden werfen. Was ist das für eine Logik? Doch genau darum geht es: den Ansagen Gottes vertrauen. Loslassen, nicht wissend, was damit passiert. Bedenke: Deine Fähigkeiten und Talente sind keine Andenken! Sie gehören weder als Urkunde an die Wand noch als Pokal in die Vitrine. Sie sind der Treibstoff, den Gott dir zur Verfügung stellt, damit du Antrieb für ein Leben mit und für ihn hast. Sie einzusetzen kostet Mut, weil wir oft dem Irrtum erliegen, sie könnten sich verbrauchen. Deshalb wollen wir sie konservieren und nur dann in kleiner Dosis einsetzen, wenn es uns um unseren Vorteil geht. Das ist jedoch ein tragischer Fall von Misstrauen und großem Egoismus. Sich einsetzen, verschenken und anbieten hat mit Weggeben zu tun. Neben der Angst, dass es nicht reichen könnte, kommt die Furcht hinzu, etwas zu verlieren. Wir geben das Einzige, was wir haben, nur extrem ungern aus der Hand, es sei denn, wir haben noch stille Reserven in der Tasche. –

Gott braucht aber keine Reserven! Nicht von dir! Gott fordert uns daher auf, unser ganzes Potenzial zu säen. Wie ein Landwirt, der seine Saat im Frühling ausstreut und nicht sicher weiß, was der Sommer bringt und ob die Ernte im Herbst bereit ist.

In Prediger 11,4 heißt es: »*Wer immer nach dem Wind sieht, wird nie säen, und wer immer auf die Wolken achtet, wird nichts ernten.*« Loslassen bedeutet, Kontrolle abzugeben und zugleich Gott das volle Vertrauen auszusprechen! »*Mose gehorchte und der Stab verwandelte sich in eine Schlange*« (2. Mose 4,3b). – Das Vertrauen und der Mut des Mose zahlen sich aus. Sein Gehorsam lässt ihn ein Wunder Gottes erleben, denn sein Stab verwandelt sich und wird lebendig.

Vertiefung – Schlange beim Schwanz packen

»*Da befahl ihm der Herr: Pack sie beim Schwanz. Mose packte die Schlange und sie wurde in seiner Hand wieder zum Hirtenstab*« (2. Mose 4,4). Mal ehrlich, ist das nicht irgendwie beängstigend und verrückt gleichermaßen? Da wirft Mose nach Aufforderung diesen alten Hirtenstab in den Staub und er verwandelt sich in eine Schlange. Diese schlängelt sich zischend um Moses Füße und ist stets bereit zuzubeißen. »Na super!«, wird Mose gedacht haben. »Was soll das jetzt?« Denn jetzt wurde der Stab, dieses »treue Holz«, seine einzige Form der Sicherheit, zu einer Bedrohung im Staub. Oder hat Mose vielleicht gedacht, dass das der Hammer ist, dass Gott sogar aus totem Holz eine lebendige Schlange machen kann? Wie auch immer: Gott ist größer, als du denkst. Er reagiert souveräner, als wir oft meinen, und hat einfach »mehr drauf«, als wir ihm oft zutrauen! Wenn wir unsere Talente und Fähigkeiten investieren, dann bleibt es nicht totes Holz, sondern dann kann Gott wundersame Lebendigkeit schaffen. Das, was wir investieren, richtet sich mitunter sogar gegen uns. Jedenfalls fühlt es sich so an, wenn wir uns rational vorstellen, was eigentlich passieren wird, wenn wir unsere scheinbar ungenügenden Ressourcen, eingeschränkten Möglichkeiten und Fähigkeiten in ein zu großes Vorhaben verschwenden. Doch Gottes Wege sind nicht rational erklärbar. Seine Aufforderungen sind nicht an mathematische und physikalische Gesetze gebunden. Er kann aus deinem gefühlten »Nichts« eine völlig neue Lebendigkeit schaffen und damit sich selbst beweisen! Die großen Fragen sind dann nur: Was habe ich denn zu bieten? Wird Gott tatsächlich meine Begabungen gebrauchen?

Vertiefung – Jeder ist ein Unikat

Jeder Mensch ist einmalig! Als gesamte Persönlichkeit sind wir ein einmaliges Paket aus Begabungen, erlernten Fähigkeiten, Erfahrungen und unserer Geschichte. Eine Rezeptur, die es in dieser Form niemals gegeben hat und auch nie mehr geben wird. Diese Tatsache hat es in sich, schließlich macht uns das unendlich wertvoll. Nicht nur, weil Einzelstücke immer etwas Besonderes sind, sondern weil wir Dinge tun können, die auf diese Weise und in dieser Kombination keiner sonst zustande bringt. Wir haben der Welt etwas zu geben, das niemand sonst geben kann. Mach dir das bewusst! Lebe danach! Gott liebt es, Menschen zu begaben und in seinen großen Plan einzubinden. Er schafft jeden individuell und es ist ihm ein grandioses Vergnügen, Menschen für die verschiedensten Aufgaben einzusetzen. Unser »Können« ist ihm nicht egal, im Gegenteil, er setzt auf unseren »Stab«. Das belegen zumindest einige Lebensgeschichten der Bibel:

Nehemia scheint dafür geschaffen zu sein, den Wiederaufbau der Stadtmauer zu planen und durchzuführen (Nehemia 1–13).

Josef war, mit der Begabung eines Visionärs und seiner Erfahrung durch schwere Zeiten, der richtige Mann, um später ein ganzes Volk vor dem Hungertod zu bewahren (1. Mose 41,37-49).

Mit seiner exzellenten theologischen Ausbildung erweist sich

Paulus als der Richtige, um das Evangelium in halb Europa zu verbreiten (Apostelgeschichte, Römer, Galater).

Diese Männer setzten ihre Gaben voll ein, spielten ihre Fähigkeiten aus und stellten diesen einzigartigen Beitrag Gott zur Verfügung, obwohl alle Männer mit unmöglichen und scheinbar unüberwindbaren Aufgaben konfrontiert waren. Aristoteles sagte: »Wo die Talente und die Bedürfnisse der Welt sich kreuzen, liegt unsere Berufung.« Gott beruft uns dort, wo unsere Persönlichkeit, geprägt durch Begabung, Leidenschaft, Erfahrungen und meine Geschichte, ein Bedürfnis kreuzt. Offensichtlich war das bei Nehemia, Josef, Paulus und auch bei Mose so. – Wie ist das bei dir? Unsere Fähigkeiten und Talente zu entdecken, sind **der** Schlüssel, um den göttlichen Auftrag mit Mut und Vertrauen anzugehen. Deshalb die Frage an dich ganz persönlich: Was hast **du** in deiner Hand?

 ### Abschluss

Es gibt keine richtigen oder falschen Talente und Stärken. Falsch ist es dagegen, sie wie Trophäen zu behandeln und nur für das eigene Ego hier und da zu nutzen. Doch solche Schaukasten-Talente setzen sehr schnell löchrigen Rost an und verlieren ihre Kraft. Investiere dich. Haue alles raus, was du kannst und was du bist. Suche die Herausforderung darin, dich Gott mit allen vorhandenen Dingen in den Dienst zu stellen! Tragisch wäre es ebenfalls, in Talente zu investieren, die wir nicht besitzen. Frust wäre die logische Folge! Die Frage von Gott an Mose ist so einfach wie genial: »*Was hast du?*« (2. Mose 4,2). Was ist dir vertraut und selbstverständlich? Was gehört zu dir und ist ein Teil von dir? Investiere es und vertraue auf Gott, dass er Unmögliches möglich macht.

Gebet

Vater, du bist der Schöpfer und Macher. Du bist derjenige, dem wir nichts vormachen müssen und können. Du hast in uns Begabungen und Fähigkeiten hineingelegt, die uns einzigartig machen und in deinem Sinn zur Entfaltung kommen sollen. Vergib uns, wo wir diese Talente vergraben, als unser Eigentum betrachten und sie letztlich verkommen lassen. Wir bitten dich, gebe uns den Mut, mit dem, was wir haben, mit unserem »Stab« mutig zu dir zu kommen und deinen Plan zu unterstützen! Amen.

5. Ausreden –
Oder: Wie wir sonst
mit Gott reden?!

Skizze

Der geradlinige und ungeschminkte Dialog mit Gott steht in dieser Lektion im Mittelpunkt. Fokussiertes Gebet ist in einer Zeit ständiger Ablenkung für viele Männer schwer. Durch ein Spiel mit Pfeil und Bogen, Dartpfeilen oder Papierfliegern kann diese Fokussierung am praktischen Beispiel geübt werden.

Ziel

Treffen kann nur der, der sich auf das Ziel konzentriert, den Atem anhält, Anspannung und Kraft spürt, um im richtigen Moment das Gebet, also den Pfeil, abzuschießen.

Thema

Gebet ist kein Abspulen auswendig gelernter Phrasen.

Gebet ist viel mehr: Es ist ein tiefsinniges Gespräch mit Hand und Fuß. Es ist ein Versuch, Gott zu verstehen. Es ist ein Ort, an dem ich alles bei ihm abgeben kann. Es ist eine Bitte, dass Gott seinen Willen im eigenen Leben zur Umsetzung bringt. Wie ist dein Dialog mit Gott? Ist er überhaupt vorhanden? Wie redest du mit Gott? Fühlst du dich verstanden – verstehst du ihn?

Eisbrecher

Die Männer sollen einen Papierflieger aus einem DIN-A4-Blatt basteln und danach diesen »zielsicher« in einen zuvor definierten Landebereich fliegen lassen. Vermutlich werden es nur die Wenigsten schaffen, weil zu viele Einflüsse, wie Wind, Falt- und Wurftechnik, Zaghaftigkeit, das Ziel verfehlen lassen. Diese Erkenntnis ist für den Verlauf des Abends wichtig.

Bibelstelle: Lies 2. Mose 4,9-10

»Wenn sie dir jedoch auch nach dem zweiten Wunder nicht glauben und nicht auf dich hören wollen, dann schöpf Wasser aus dem Nil und gieß es auf den trockenen Boden. Dann wird das Wasser, das du aus dem Fluss geschöpft hast, auf dem trockenen Boden zu Blut werden. Aber Mose erwiderte: O Herr, ich bin kein guter Redner; ich bin es nie gewesen – und seit du mit mir, deinem Diener, sprichst, hat sich daran nichts geändert. Ich kann nicht gut reden.«

Geschichte

Wie Mose während dieser Begegnung am brennenden Busch mit Gott diskutiert, an ihm zweifelt und ihn infrage stellt, war schon etwas dreist: Ausreden bzw. Fragen wie: »Wer bin ich …?«, »Was soll ich ihnen dann antworten?«, »Aber sie werden mir nicht glauben …«, »Ich bin kein guter Redner!« bis hin zu »Schick doch einen anderen!«. Auch später, als Mose das Volk durch die Wüste führt, sie kein Trinkwasser mehr haben und das ganze Volk Mose Vorwürfe macht, klagt er Gott an und ringt mit ihm: »Warum hast du uns bloß aus Ägypten geführt? Etwa damit wir, unsere Kinder und unser Vieh verdursten?« (2. Mose 17,3). Wie spricht Mose mit dem heiligen Gott Israels? Wo ist sein Respekt gegenüber dem, der ihm in der Wüste begegnet ist, der ihn erwählt und beauftragt hat? Obwohl Mose Wunder und Zeichen erlebte, verständliche Worte und klare Aufgaben erhielt, zweifelte er an Gott und seinen Absichten. Stattdessen ließ er seinen Emotionen freien Lauf. Ergebnis: »*Da wurde der Herr zornig auf Mose*« (2. Mose 4,14). Stell dir einmal vor, du hättest während des Dialoges zwischen Gott und Mose direkt danebengestanden. Du hörst auf der einen Seite den genialen Plan Gottes. Ein Plan für den Fall, dass der Pharao und seine Minister erneut nicht auf Mose und damit auch nicht auf Gott hören. Wasser soll zu Blut werden. Also nicht einfach nur rotes Wasser. Nein, die Rede ist von richtigem Blut. Indem du diese Ansage hörst, denkst du dir vielleicht: »Alle Achtung! Der »Typ«, also Gott, hat ja eine Menge drauf. So etwas habe ich auch nicht gesehen! Im Grunde wäre es fast schade, wenn der Pharao widerstandslos auf Mose hören würde, denn dann fällt die Show aus und es gibt schließlich nicht diese Wandlung von Wasser zu Blut. Folglich gäbe es nichts zu gucken, zu erleben und es bliebe alles beim Alten.«

Dann hörst du auf der anderen Seite Mose, wie er allen Ernstes meint, er sei der Falsche für den Job. Er wäre kein guter Redner, noch nie einer gewesen und überhaupt wüsste er gar nicht, warum ausgerechnet er jetzt hier vor dem Pharao erscheinen soll. Nur zur Erinnerung: Gott spricht hier. Nicht irgendein Chef, kein Vorarbeiter oder Abteilungsleiter. Es spricht Gott persönlich und er hat einen Plan, den er auch garantiert umsetzen wird – und Mose zickt rum. – Stell dir vor, Gott spricht zu dir! Hörst du ihm zu? Wie sprichst du mit ihm? – Wie oft finden wir wortreich oder wortlos Ausreden, weil ein Auftrag, den Gott uns zu geben gedenkt, eher wie ein Störfeuer und nicht wie ein bereichernder Auftrag aussieht. Wir erkennen zwar irgendwie die Notwendigkeit unseres Handelns, fühlen uns auch für einen kurzen Moment geadelt, einen Auftrag des lebendigen Gottes zu erhalten. Dann aber baut sich die Realität unserer eigenen Gedanken breitschultrig auf, verstellt uns den Blick auf Gott und macht uns unsicher. Unsere Erfahrung, unsere Ideen, unser Scheitern in der Vergangenheit, die Angst vor dem Unbekannten, die Furcht vor dem Neuen, alle diese

Dinge sind große Bauwerke, die in Sekundenschnelle erbaut werden und sich stabiler machen wollen, als sie in Wirklichkeit sind. Ein Auftrag Gottes kann manchmal wie eine »geistliche Abrissbirne« sein, die die Sicht auf Gott und seine unendliche Stärke frei macht.

Vertiefung – Streiten

Es gibt genügend Beispiele von Menschen in der Bibel, die sich mit Gott angelegt haben. Seien es Mose, Hiob oder Jakob. Alle stritten, diskutierten und kämpften mit Gott, um mindestens einen Gedanken loszuwerden: »Ich habe meine Meinung! – Gott, komm mir jetzt nicht mit Tatsachen!« Alle drangen jedoch zu Gott durch. Es erfolgte in keinem Fall eine Ablehnung von Gott. Ein Gespräch mit dem lebendigen Gott zu führen, ist von großer Bedeutung. Die eigenen Zweifel, die eigene Lebenserfahrung, die eigene Begrenztheit dabei aufzuzeigen, ist von enormer Wichtigkeit. Denn Gott nimmt dich ernst. Er respektiert diesen inneren Streit in dir ebenso wie deine Zerrissenheit. Sicher möchtest du mit Gott unterwegs sein. Aber manchmal hast du einfach auch kein Interesse daran, dich zu weit für etwas aus dem Fenster zu lehnen, was deine Vorstellungskraft übersteigt. Eine Verwandlung von Wasser in Blut gehört beispielsweise dazu. Gebet – der ungeschminkte und kristallklare Dialog mit Gott – ist häufig ein innerer Streit. Stets prallen Wunsch, Realität, Lösungsvorschläge und Gottvertrauen frontal aufeinander. Ein ehrliches Gebet nennt alle Ängste und Zweifel, sogar solche, die Gottes Macht und Souveränität infrage stellen. Der 119. Psalm ist ein Beispiel für solche Angst und Zweifel: »*Meine Seele verlangt nach deiner Hilfe; ich hoffe auf dein Wort. Meine Augen verlangen nach deinem Wort und fragen: Wann wirst du mich trösten? Bin ich auch geworden wie ein Schlauch im Rauch, so habe ich doch deine Anweisungen nicht vergessen. Wie viele Tage bleiben noch deinem Knecht? Wann willst du an meinen Verfolgern das Rechtsurteil vollzie-*

hen?« (Psalm 119,81-84; SLT). – Wann kommt endlich der Trost? Wann entsteht Gerechtigkeit? Wann geht es los? Würden wir mit einem Menschen so reden, interpretierten Außenstehende ein solches Gespräch als Streit. Vermutlich hätten sie recht, denn ein Streit zeigt die innersten Bedürfnisse, schaltet oftmals Sachlichkeit aus und stattdessen Emotionen ein. Eine gute Streitkultur ist das Ergebnis einer sich gegenseitig wertschätzenden Beziehung. Das gilt zum Beispiel für eine Auseinandersetzung mit einem dir wertvollen Menschen, die sollte bereinigt werden. Aber warum gehen wir mit Gott nicht auch so um? Es ist richtig! Der Ton, wie man ihn gerne in die Worte von Mose hineinliest, lässt den Leser beinahe strammstehen. »So würde ich nie mit Gott reden!«, denkst du vielleicht. Aber wenn wir ehrlich sind, tun wir es oft genauso. Wir verneinen die Worte Gottes und neutralisieren sie wortreich oder wortlos durch unsere Begrenztheit.

Den Fokus auf Gott im eigenen Gebet kannst nur du steuern. Es sind nicht deine Worte, die den Fokus stören könnten, sondern deine Gedanken, die dich größer als Gott machen wollen! Doch Gott ist glücklicherweise an Souveränität nicht zu überbieten. Daher lässt er sich auf Kämpfe ein, wie hier bei Mose oder wie bei Jakob am Jabbok (1. Mose 32), um am Ende zu segnen. Letzterer erhielt nach dem Kampf einen neuen Namen: Israel.

 Tiefer graben

Beschreibe mit nur einem Satz, was deinen Dialog mit Gott kennzeichnet. Ist es Distanz, Freude, Vertrautheit, Überforderung?

Wo liegen deine Schwerpunkte im Gebet mit Gott?

In welcher Situation hast du schon einmal mit Gott um eine Sache gestritten?

———————————————————————

———————————————————————

———————————————————————

———————————————————————

———————————————————————

———————————————————————

———————————————————————

———————————————————————

———————————————————————

———————————————————————

———————————————————————

Actionstep

Nimm Pfeil und Bogen und lege alle Konzentration in diesen einen Schuss. Versuche eine 15 Meter entfernte Scheibe zu treffen. Stell dir vor, dieser Schuss sei das eine Gebet, das du sprechen und damit, im Bilde gesprochen, abschießen kannst. Wie viel Konzentration nimmst du dir? Spüre deinen Atem, deinen Herzschlag, die erforderliche Kraft, um Pfeil und Bogen zu spannen, zu halten und im richtigen Moment loszulassen.

Vertiefung – Ehrlichkeit

Es macht keinen Sinn, vor Gott ein Schauspiel zu treiben. Es wäre reine Zeitverschwendung, mit Gott unehrlich umzugehen. Sosehr man die Worte und Reaktion des Mose verurteilen möchte, so muss man doch zugeben, dass er ehrlich war. Er hat seinen Gedanken hörbar Raum gegeben und Gott seine Meinung gesagt. Diese Ehrlichkeit ist etwas unschätzbar Wertvolles. Denn nur ein ehrlicher Austausch führt zur Auflösung von Missverständnissen und Streitigkeiten.

Vertiefung – Zur Ruhe kommen

Im Gebet vor Gott zur Ruhe zu kommen, ist, wie beim Bogenschießen den eigenen Herzschlag und Atem zu spüren. Die Gewissheit zu haben, ganz nah bei Gott zu sein, ist das vermutlich wertvollste Gut, das wir als Menschen genießen können. Viele Psalmen starten mit Fragen, Zweifeln, Problemen und Kritik Gott gegenüber. Doch am Ende wird jedem Psalmist und damit dem Beter klar, dass Gott der Ruhepol und Herzenskenner ist.

Wir Männer können Beter werden! Du kannst ein Beter werden. Es ist nicht schwer, vor Gott Worte zu sprechen, die dein Inneres nach außen kehren. Worte, die dich für den Zuhörer verletzlich machen. Worte, die deine Probleme offenbaren. Aber genau darum geht es! Je ehrlicher und offener wir mit Gott reden, desto öfter schaffen wir es, unsere Maskerade abzulegen, in seiner Gegenwart zur Ruhe und zum Verständnis seines Willens zu kommen. Gott möchte nicht den Small Talk, sondern die größte erlebbare Vertrautheit. Und zwar mit dir!

Abschluss

Mose war oft im Dialog mit Gott und hatte häufig die Nerven blank. Selbstzweifel, Überforderung, Ängste, Sorgen, all das waren Motive für ein offenes Männergespräch zwischen Gott und ihm. Lass dir diese Zweisamkeit schmackhaft machen. Verleihe du deinem persönlichen Zwiegespräch die erforderliche Würze, indem du Klartext redest und mit offenen Ohren auf Gott hörst. Bring Geschmack in dein Gebet!

Gebet

Vater, ich möchte dir danken, dass ich überhaupt mit dir reden darf. Ja, ich darf vertraut mit dir umgehen, darf dich Papa nennen. Mir fällt es manchmal schwer, offen mit dir zu reden. Ich verliere mich schnell in meinen Gedanken, Zielen und

Vorstellungen. Dabei vergesse ich oft, dass du es bist, der mich mit allem Lebensnotwendigen versorgt. Bitte lass mich ganz neu deine Worte hören und für mich in Anspruch nehmen. Schenke mir Mut für einen echten ungeschminkten Männerdialog mit dir! Amen.

6. Kompromisse –
Das einseitige Leben

Skizze

Das *Pareto-Prinzip* besagt, dass man mit 20 % Einsatz bereits 80 % Ergebnis haben kann. Was im Geschäftsbereich sicher von Nutzen sein kann, ist für die persönliche Entwicklung oft ein Trugschluss und die Vortäuschung falscher Tatsachen. Wie oft investieren wir in unserem Leben nur das Minimum, weil wir wissen, dass es bereits wie das Maximum aussieht?

Ziel

In dieser Einheit sollen fadenscheinige Lebensstile und geheime Kompromisse aufgedeckt werden. Ein aufrichtigeres Leben ist zwingend erforderlich, um leiten zu können. Leitung umfasst dabei das eigene Leben wie auch die Inspiration und Führung anderer.

Thema

Die eigene Schuld ist der Teil unseres Lebens, der sich nicht mit Gott vereinbaren lässt. Doch Gott hat dieses Problem sehr früh erkannt. Bereits nach dem Sündenfall im Paradies hat er die Lösung im Sinn gehabt. Viel Zeit sollte jedoch vergehen, bis derjenige die Weltbühne betrat, der für unsere Schuld und Sünde stellvertretend sein Leben gab. Damit geht der tröstende und unüberbietbare Gedanke einher, dass wir unsere Schuld nicht begleichen können und auch nicht müssen. Denn Jesus hat diese Rechnung vollständig bezahlt. Unsere Aufgabe besteht also darin, diese Tatsache in Anspruch zu nehmen und auf diese Weise von der eigenen Schuld gereinigt zu werden.

Eisbrecher
Wo gibst du nur 20 %, die aussehen sollen wie 80 %? Welche Rolle spielt die Sündenvergebung in deinem Leben?

_____

_____

_____

_____

_____

_____

_____

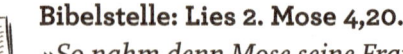

Bibelstelle: Lies 2. Mose 4,20.24-26
»So nahm denn Mose seine Frau und seine Söhne und setzte sie auf einen Esel und zog wieder nach Ägyptenland und nahm den Stab Gottes in seine Hand. […] Und als Mose unterwegs in der Herberge war, kam ihm der HERR entgegen und wollte ihn töten. Da nahm Zippora einen scharfen Stein und beschnitt ihrem Sohn die Vorhaut und berührte damit seine Scham und sprach: Du bist mir ein Blutbräutigam. Da ließ er von ihm ab. Sie sagte aber Blutbräutigam um der Beschneidung willen« (LUT 84).

Geschichte

Gott sucht Mose im Exil auf und versucht ihm mit aller Kraft klarzumachen, dass er der Mann ist, den er gebrauchen möchte. Endlich hat er ihn so weit, dass Mose seine Koffer packt und sich von seinem Schwiegervater verabschiedet. Er begibt sich mit seiner Frau und Kindern auf den Weg zurück nach Ägypten, um eine waghalsige und schier unmögliche Befreiungsaktion anzuzetteln. Kaum ist Mose mit Sack und Pack unterwegs, hat die Grenzen Midians überschritten, fällt Gott über ihn her. Während sie sich in einer Herberge ausruhten, wollte Gott Mose töten. – Wie bitte? Gott wollte Mose umbringen? Zippora musste Gott davon abbringen, indem sie die abgeschnittene Vorhaut ihres Kindes präsentiert? Ist das unser Gott, der sich in der Bibel so oft als liebevoller Vater präsentiert? Keine Frage, das ist eine geheimnisvolle Begebenheit. Wenn wir jedoch genauer hinschauen, offenbaren sich einige Dinge zu Moses innerer Haltung und seinem Charakter. Eigenschaften, die der bevorstehenden Aufgabe noch im Wege stehen. Offensichtlich geht es bei diesem Zwischenfall um die Beschneidung, denn Gott hatte dem Abraham geboten, alle männlichen Nachkommen zu beschneiden (1. Mose 17,9-14). Doch genau das hatte Mose unterlassen. Doch Gott sieht das anders. Schließlich sollte Mose der Gesetzgeber seines Volkes werden, das noch in Ägypten war. Doch er selbst hatte sich nicht an die Gebote gehalten. Er ging **Kompromisse** ein, war halbherzig und untreu gewesen. Er vernachlässigte also die Anweisungen Gottes. Mose hatte auch seine **Verantwortung** in seiner Familie nicht wahrgenommen. Er hatte seinen ältesten Sohn nicht beschnitten. Wenn Mose ein ganzes Volk leiten und lehren sollte, müssten seine Taten und Worte übereinstimmen. Seine **Integrität** wurde massiv auf den Prüfstand gestellt. Womöglich war die Herberge der perfekte Ort, um mit den eigenen Abgründen konfrontiert zu werden. Zeiten des Ausruhens und des Durchatmens am Abend vor dem Einschlafen oder frühmorgens vor dem Aufstehen sind oft Momente, an denen unsere Seele und unser Geist uns mit den eigenen dunklen Gedanken, Scham oder Kompromissen überwältigt. Es ist von entscheidender Bedeutung, diese Kämpfe nicht zu verdrängen oder zu ignorieren, sondern sich ihnen zu stellen.

Randnotiz

Einige Bibelausleger gehen davon aus, dass Gott nicht Mose, sondern seinen erstgeborenen Sohn töten wollte. Der hebräische Grundtext nennt den Namen der Person nicht. Das Hebräische verwendet nur Personalpronomen: »*[...] da trat der HERR ihm entgegen und wollte ihn töten*« (2. Mose 4,24; ELB). Ist mit »*ihn*« zwangsläufig Mose gemeint? Wir wissen, dass sie zu viert auf die Reise gingen: Mose, Zippora und ihre beiden Söhne, Gerschom und Eliëser. Gott strafte Mose, doch der Mensch, den Gott töten wollte, war möglicherweise nicht Mose, sondern Gerschom, sein Erstgeborener. Lies noch einmal die Verse 22-23. Diese sind eine Warnung an den Pharao, sein Volk, Israel, seinen Erstgeborenen, ziehen zu lassen, ansonsten werde sein erstgeborener Sohn sterben. Diese Warnung könnte auch parallel für Mose gelten, da er die Befreiung Israels, durch die fehlende Beschneidung seines Sohnes, immer wieder hinauszögerte.

Vertiefung – Kompromisse

Fest steht jedenfalls, dass sich Mose Kompromisse gönnte. Er versäumte, seinen Sohn zu beschneiden, und widersetzte sich so den Anweisungen Gottes für sein Volk. Der Vorbildcharakter und die Integrität des Mose standen damit auf dem Spiel. Früher oder später wäre er sicher über diese Nachlässigkeit gestolpert. »*Und dies ist der Bund, den ihr halten müsst: Jeder Mann unter euch soll beschnitten werden. Die Vorhaut eures Gliedes soll weggeschnitten werden. [...] Das wird das Zeichen des Bundes zwischen mir und euch sein*« (1. Mose 17,10-11). Möglicherweise war die Angst vor dem Schwiegervater Jitro im Spiel, der eine religiöse Führungsperson, ein midianitischer Priester, war und dessen älteste Tochter Mose zur Frau bekommen hatte. Oder vielleicht war es auch die Furcht vor der eigenen Frau, mit deren Traditionen und Glaubensrichtung sich seine eigenen nicht deckten. Diese Geschichte zeigt uns die Bedeutung des Bundes Gottes mit uns Menschen. Doch für diesen Bund braucht es zwei Parteien. Mose wurde nachsichtig, kompromissbereit und untreu. Seine Haltung richtete sich gegen Gott und letztlich das Leben, das Gott mit ihm und dem ganzen Volk im Sinn hatte.

 **Tiefer graben**

Wo entscheidest du dich bewusst oder unbewusst, durch Angst, Zweifel oder Faulheit getrieben, gegen die göttlichen Richtlinien?

Welche Gedanken oder Lügen stecken hinter deiner Angst oder deinen Zweifeln?

Welches Risiko gehst du ein und welche Konsequenzen bist du bereit in Kauf zu nehmen?

_____

_____

_____

_____

_____

_____

_____

_____

Vertiefung – Verantwortung

Wie soll Mose, der Anführer und Vermittler Tausender Israeliten werden sollte, ein ganzes Volk aus der Gefangenschaft befreien und in eine enge Beziehung zu Gott führen, wenn er selbst seine Verantwortung als Ehemann und Vater nicht wahrnimmt? Ein Mann, der Gleichgültigkeit, Ungenauigkeit, Bequemlichkeit, Ignoranz, Ungehorsam und Kompromisse im Gepäck hat, ist nur bedingt geeignet, denn er hat seine Verantwortung als Bündnispartner zu Gott, zu seiner Frau und seinen Kindern missachtet. Verantwortung zu übernehmen bedeutet nicht nur, die Folgen für das eigene Handeln zu tragen! In erster Linie geht es vor allem darum, schon im Vorab zum Handeln aufgefordert zu sein, nämlich für etwas einzustehen und zu tun, was für eine Situation notwendig und richtig ist.

Tiefer graben

Wie kannst du lernen, deine Verantwortung zu akzeptieren?

In welcher Situation kannst du mehr Verantwortung übernehmen?

Wo scheint die Verantwortung dich zu erdrücken?

Verantwortung bedeutet Treue. Wo bist du untreu in deinem Leben?

_____

_____

_____

_____

_____

_____

_____

Vertiefung – Integrität

Wir sind dazu berufen, Menschen in die Freiheit und zum Leben zu führen. Uns sind Familien, Firmen, Mitarbeiter, Vereine, Freunde und vieles mehr anvertraut. Dort sollen wir uns unserer Aufgabe bewusst sein und diese wahrnehmen, um dadurch Freiheit und Leben zu bringen, genau wie es Mose tat. Unsere Aufgaben sind die Übernahme von Verantwortung, Schutz, Sicherheit und Vorbild. Du kannst als Mann deinem Umfeld einen Vorgeschmack auf Gott geben. Doch bevor wir Menschen in die Freiheit führen, muss dazu unser Leben integer sein. Integrität bedeutet, dass wir uns nicht verstellen, dass unser Leben und Handeln von Ehrlichkeit und Aufrichtigkeit geprägt ist. Die relativ einfache Regel lautet hier: Ich tue, was ich sage, und lebe, was ich lehre. Wie Mose aber handeln wir oft anders, als wir wollen. Wir verabreden uns, obwohl wir keine Zeit haben. Loben andere, auch wenn wir mit den inneren Augen nur die Schwächen wahrnehmen. Manchmal kritisieren wir Menschen, obwohl wir wissen, dass sie sehr begabt sind. Wir tun anderen eine Gefälligkeit, nur in der Hoffnung, dass sie uns das nächste Mal helfen. Wir lehren Wahrheiten und kehren unsere eigenen Fehler unter den Tisch. Wir investieren nur 20 % unserer Energie und gaukeln vor, wir hätten bereits das Maximum aus uns herausgeholt!

Tiefer graben

Wieso fürchtest du dich vor Enttäuschung, Ablehnung und Ungerechtigkeit?

Weshalb sorgst du dich davor, übergangen, ausgenutzt, für unbegabt oder zu wenig clever gehalten zu werden?

Menschenfurcht untergräbt unsere Integrität. Letztlich nimmt sie die Kraft hinter all unseren Bestrebungen. Denn Menschenfurcht sucht sich dort das Leben, wo es nichts zu finden gibt, und erhofft Befriedigung dort, wo es nichts zu hoffen gibt. Ein integrer Mann bezieht sein Leben aus dem Bund mit Gott und setzt es für das Wohl seiner Familie, zur Bekämpfung von Not oder gegen schreiende Ungerechtigkeit ein.

 ### Vertiefung – Reinigung

»Reinigt euren Geist und euer Herz vor dem Herrn, sonst wird mein Zorn über eure Sünden entbrennen wie ein Feuer, das niemand löschen kann« (Jeremia 4,4).

Keine Frage, wenn Gott wirklich gewollt hätte, dass Mose in der Herberge stirbt, dann wäre er auch gestorben. Doch Gott gab Mose ein Zeitfenster, um zu handeln. In dieser Zeitspanne übernimmt Zippora an seiner Stelle die Verantwortung und reagiert. Die Beschneidung des Sohnes durch Zippora wandte den Zorn und die tödlichen Folgen ab. Diese Tat trug zur Rettung und Erlösung von der Schuld bei. Das Blut des Sohnes macht noch weit mehr den Weg frei. Kommt dir das nicht irgendwie bekannt vor? – **Das Blut Jesu Christi ist die Lösung für all unsere Sünde, Schuld, unser Versagen und Ungehorsam. Durch ihn dürfen wir leben und andere in die Freiheit führen. Gott schenkt uns Zeit, um zu handeln, und bietet uns seine Gnade an.** In der Schlachterübersetzung heißt es: *»Beschneidet euch für den Herrn und beseitigt die Vorhaut eurer Herzen«* (Jeremia 4,4).

Tiefer graben

Was hindert dich daran, die Vorhaut deines Herzen beschneiden zu lassen?
Benötigt dein Herz Befreiung?

_____

_____

_____

_____

_____

_____

_____

_____

_____

_____

_____

Actionstep

Liegestütze oder auch Planks sind Übungen, die man ohne viel Vorbereitung machen kann. Der Körper sollte so gerade wie ein Lineal sein. Nur die Fußspitzen und wahlweise die Hände oder die Unterarme berühren den Boden. Dann sind Kraft und mit jedem Mal ein größerer Wille erforderlich, um weiterzumachen. Wie viele Liegestütze schaffst du? Wie viele Rechenaufgaben des Einmaleins kannst du in der Plank-Position ausrechnen? Ziel soll es sein, einerseits den »inneren Schweinehund« zu überwinden, andererseits aber auch buchstäbliche Gradlinigkeit zu beweisen.

Abschluss

In dieser Geschichte geht es eher um eine Lektion als um ein knapp fehlgeschlagenes Attentat. Oft sind wir erst bereit an unserem Charakter und Integrität zu arbeiten, wenn wir unter Druck stehen. Aus dieser Sicht war es das Beste, was Gott mit Mose tun konnte. Der Angriff auf Mose war dessen Rettung zugleich. Wenn Gott sich Mose in den Weg stellt, dann offensichtlich, um Mose mit reinem Herzen und einem Segen zu entlassen.

Gebet

Lebendiger Gott, ich bekenne dir, dass ich dich in meinem Alltag oft ausblende und eigene Entscheidungen treffe. Ich bekenne dir, dass mein ganzes Leben ohne dein Eingreifen keinen Bestand hat. Du hast deinen Sohn Jesus Christus in diese Welt gesandt, damit er für alle Sünde und Schuld sein Leben gibt. Diese Tatsache ist zu groß für mich, trotzdem will ich dir dankbar sein, dass auch meine Schuld und mein Versagen vergeben sind. Ich möchte mich ganz neu auf dich ausrichten. Sei du meine Orientierung! Bitte schenke mir den Willen und die Kraft, meine Rolle als Mann, als Vater, als Ehemann zu 100 % in deinem Sinne wahrzunehmen. Danke, dass du jeden meiner Gedanken und Schritte kennst. Amen.

7. Aufbrechen – Schritte wagen

Skizze

In Vorbereitung für diese Lektion wird eine *Slackline* zwischen zwei Bäume gespannt. In niedriger Höhe von maximal 30 cm sollen die Männer ohne Schuhe versuchen, von einem Ende zum anderen zu gehen. Für Ungeübte wird das vermutlich sehr schwer bis unmöglich. Daher ist eine helfende und stützende Hand erforderlich. Ziel ist es, Schritte auf unbekanntem Terrain zu wagen.

Ziel

Lernen mit dem Herzen zu glauben, auch wenn man es noch nicht sieht. Der Begriff »Gottvertrauen« ist rasch ausgesprochen und selten nur schwer mit Leben zu füllen. In der Theorie weiß meist jeder, was gemeint ist, und es herrschen zahlreiche Theorien, wie sich »Gottvertrauen« im praktischen Leben auswirkt. Erst die Praxis trennt die Spreu vom Weizen, unterscheidet das Machbare vom Erlebbaren. Genau das ist Ziel dieser Einheit.

Thema

Sei stark und mutig! Eine Aussage, die nicht nur Mose, sondern insbesondere Josua (Josua 1,6) einige Male von Gott so zugesprochen bekam. Eine Aufforderung, die es umzusetzen gilt. Doch was ist eigentlich Mut?

»Wenn die Sehnsucht größer ist, als die Angst, wird Mut geboren!« (Rainer Maria Rilke).

Mut ist also die Grenze zwischen der unbändigen Sehnsucht nach einer dringend notwendigen Lebensveränderung und dem ersten Schritt, dieses Ziel erreichen **zu wollen**. Mut im christlichen Kontext ist eine Absichtserklärung, demjenigen zu vertrauen, der dir mit einer ausgestreckten Hand begegnet, die du nicht sogleich spürst.

Eisbrecher

Welche Person aus deiner Jugend ist dein Held?

Welche mutigen Menschen aus deinem direkten Umfeld kennst du?

Was war deine bisher mutigste Tat im Leben?

_____

_____

_____

_____

_____

_____

_____

_____

Bibelstelle: Lies 2. Mose 14,15-16 und Josua 3,13

»Dann sprach der Herr zu Mose: Warum schreist du zu mir? Sag den Israeliten, dass sie aufbrechen sollen! Halte deinen Hirtenstab hoch, strecke ihn über das Meer aus und teile es. Dann sollen die Israeliten trockenen Fußes hindurchgehen.«

»Sobald sie mit ihren Füßen im Jordan sind, wird das Wasser, das von

oben herabfließt, wie ein Damm stehen bleiben, und der Fluss wird sich stauen.«

Geschichte

Kaum sind die Israeliten nach über vierhundert Jahren der Sklaverei endlich ausgezogen, auf dem Weg zurück nach Kanaan, lässt Gott sie einen Umweg durch die Wüste ans Rote Meer machen, wo sie in einer scheinbaren Sackgasse landen. Sechshunderttausend Männer, Frauen und Kinder machen sich auf den Weg ins verheißene Land und lagern sich an der Küste zum Meer, als hinter ihnen die Streitkräfte des Pharaos auftauchen und zu einer sehr ernst zu nehmenden Bedrohung werden. Sie kennen nun das Gefühl der Freiheit, jedoch formiert sich hinter ihnen der Tod in Gestalt einer gigantischen Streitkraft wütender Ägypter. Das Volk lagert sich am Rande einer Wüste und der Fluchtweg in ein neues Leben wird von Wassermassen abgeschnitten.

Stell dir das bitte einmal vor: Aus der Knechtschaft entkommen, hast du nun die Wahl zwischen dem Ertrinken in einem Schilfmeer und den säbelrasselnden Ägyptern. Ein emotionaler Mix macht sich breit, der beinahe mit Händen zu greifen ist.

So spektakulär beginnt also der Aufbruch aus Ägypten und ziemlich ähnlich endet die Geschichte vor dem Einzug ins verheißene Land. Drehen wir die Zeitmaschine um vierzig Jahre nach vorn. Wir finden das Volk Israel, das sich nach einem jahrelangen Irrweg durch die Wüste wieder an einem Gewässer lagert. Hinter ihnen die todbringende Wüste und vor ihnen in Sichtweite ein Land, darin Milch und Honig fließt. Das Fatale ist, dass ihnen schon wieder Wasser den Weg versperrt, der Jordan, der zu dieser Zeit über die Ufer lief. – Ein Déjà-vu?! – Am Anfang wie am Ende der Wüstenzeit versperrt ein Gewässer den Weg in neues Land. Es ist kein Zufall, dass beim Aus- und Einzug der Zugang durch das Wasser verwehrt wurde. Der Übertritt in einen neuen Lebensabschnitt führt uns unweigerlich an und durchs Wasser, denn Wasser steht für neues Leben. Es wäscht uns rein und reinigt. Doch es löscht auch aus, verdrängt den Sauerstoff und tötet Dinge, die uns versklaven, die uns eine Last sind und bedrücken. Doch obwohl beide Ereignisse denselben Charakter hatten, war doch die Durchquerung der Israeliten durchs Wasser entschieden anders.

Am Schilfmeer

»Dann streckte Mose seine Hand über das Meer aus. Da ließ der Herr das Wasser durch einen starken Ostwind zurückgehen. Der Wind blies die ganze Nacht, teilte das Meer und verwandelte den Meeresboden in trockenes Land. So konnten die Israeliten trockenen Fußes mitten durch das Meer ziehen; links und rechts von ihnen stand das Wasser wie eine Mauer« (2. Mose 14,21-22).

Gott teilt das Wasser und erst als der Boden trocken war, ging das Volk hindurch. Eine klare Reihenfolge: Erst geschah das Wunder, dann folgten die Israeliten. Sie sahen das Unmögliche möglich werden und dann machten sie Schritte. Vierzig Jahre später, nachdem Gott den Glauben gestärkt und die Beziehung vertieft hatte, stehen sie vor dem Jordan. Doch das Wasser teilte sich nicht oder vertrocknete.

Am Jordan

»Als die Priester, die die Lade trugen, an den Jordan kamen und vom Ufer ins Wasser traten, begann sich der Fluss bei der Stadt namens Adam, gegenüber von Zaretan, stromaufwärts zu stauen. Das Wasser blieb wie ein Damm stehen. Unterhalb der Staustelle floss es weiter ins Tote Meer, bis das Flussbett schließlich trocken war. In der Nähe von Jericho überquerte das Volk nun den Fluss« (Josua 3,15-16).

Das Wunder geschah hier nicht im Voraus. Ein Glaubensschritt war die Voraussetzung, dass das Wunder sichtbar wurde. Als die Männer ins Wasser stiegen, war die Situation scheinbar unverändert. Kaltes Wasser zieht an ihnen ungebremst vorüber. Gott forderte ihren Glauben! Erst der Schritt ins Nass löst das Wunder aus. Unsere Lektion heißt daher: Am Anfang geschehen Wunder in unserem Leben, damit wir Schritte wagen und Schwellen überwinden. Nach einer Zeit müssen wir Schwellen überwinden, um Wunder zu erleben.

Vertiefung – Zuerst das Wunder

»Hast du uns etwa hierhergebracht, damit wir in der Wüste sterben? Gab es denn nicht genug Gräber für uns in Ägypten? Warum hast du uns das angetan und uns aus Ägypten geführt? Haben wir dir nicht schon in Ägypten gesagt: ›Lass uns in Ruhe, wir möchten den Ägyptern dienen?‹ Wir hätten lieber weiter für die Ägypter arbeiten sollen, als hier in der Wüste zu sterben!« (2. Mose 14,11-12).

Der Aufbruch begann mit großem Murren und Zweifel. Das Volk hatte den Weg mit allem Gepäck und altem Ballast angetreten und nun lauerte der Tod ihnen im Nacken. Was sie brauchten, war eine göttliche Begegnung. In der Erzählung zeigt sich Gott, offenbart seine ganze Größe und teilt das Wasser.

Auch wir müssen durch das Wasser hindurchgehen für ein Auftakt in ein Leben mit Gott. Er lädt geradezu ein, den eigenen Lebensweg mit ihm zu gehen, öffnet Türen und Tore, dass wir unser altes Leben hinter uns lassen und uns auf ein Abenteuer mit ihm einlassen. Er vollbringt zuerst das Wunder, bittet uns dann zu kommen und Schritte zu wagen. Denn das Wunder ist schon vollbracht. Jesus ist für uns gestorben und hat einen Weg bereitet. Jesus antwortete: *»Ich sage dir: Niemand kommt in das Reich Gottes, der nicht aus Wasser und Geist geboren wird«* (Johannes 3,5). Kreuz und Taufe als Symbole zeigen, dass auch wir, wie das Volk Israel, aus der Gefangenschaft befreit werden und unsere Lasten mit der Durchquerung des »Roten Meeres« abgewaschen werden. Der Weg ist bereit, das Wunder vollbracht und Gott lädt dich ein zu einem Leben in Freiheit.

Tiefer graben

Wie kannst du dir diesen Schritt bewusst machen und dein Leben Gott anvertrauen?

Welche Sklaventreiber sitzen dir im Nacken?

Was bedeutet das Wunder des Kreuzes für dich?

_____

_____

_____

_____

_____

_____

_____

_____

Wenn du möchtest, kannst du heute vor deinen Freunden diesen Schritt wagen und das neue Leben von Jesus annehmen. Es ist ein scheinbar kleiner Schritt mit jedoch großer Auswirkung. Ein Gebet, das eigene Leben und Versagen vor Jesus wie ein Buch aufzuschlagen. Ihm alle Kapitel des Lebens vorzulegen und Vergebung der eigenen Schuld in Anspruch zu nehmen. Das ist ein echter Neubeginn.

Vertiefung – Zuerst der Schritt

Im Gegensatz zur Situation am Schilfmeer mussten die Israeliten interessanterweise zuerst mit den Füßen Schritte in den Jordan wagen, ehe der Fluss sich staute und ein Wunder geschah. Jemand, der getauft ist, benötigt heute jedoch nicht mehr eine erneute Taufe.

»Wer gebadet hat, braucht sich – ausgenommen die Füße – nicht zu waschen, um völlig rein zu sein« (Johannes 13,10). Dies war die Antwort von Jesus an Petrus, als dieser darum bat, dass Jesus seinen ganzen Körper reinigt, nachdem er ihm die Füße gewaschen hatte. Eine klare Ansage an Petrus: Wer gebadet ist – also getauft mit Wasser und Geist –, gehört zu Jesus. Wiederholt werden muss das nicht, aber den alltäglichen Dreck an den Füßen können wir bei ihm jederzeit abwaschen. Das Volk Israel wurde im Durchzug des Roten Meeres gereinigt und von der Sklaverei erlöst. Sie gehörten nun ganz Gott und folgten ihm. Beim Einzug ins verheißene Land mussten sie lediglich die Füße waschen und sich vom alltäglichen Staub reinigen. Das Geschenk der Erlösung wird uns angeboten und jeder, der das Wunder der Erneuerung angenommen hat, gehört zum Volk Gottes. **Die tägliche Reinigung der Füße ist eine aktive Bewegung von uns auf Jesus zu.** Genau um diese aktive Bewegung geht es, Schritte im Glauben zu gehen, ehe ein Wunder in Sicht ist. Aktiv seinem Wort zu folgen, ohne dass wir sehen, was geschehen wird. Genau das forderte Gott von seinem Volk, nachdem es jahrelang mit ihm unterwegs, die Beziehung zu ihm vertieft und gestärkt war. Auch Jesus forderte diesen Glauben von Petrus als dieser an der Reling des Bootes stand. *»Da rief Petrus ihm zu: Herr, wenn du es wirklich bist, befiehl mir, auf dem Wasser zu dir zu kommen. Dann komm, sagte Jesus. Und Petrus stieg aus dem Boot und ging über das Wasser, Jesus entgegen«* (Matthäus 14,28-29). Petrus folgte dem Wort und wagte seine Füße aufs Wasser. Er wusste nicht, ob es ihn tragen würde. Er hatte auch keine Beweise oder Erfahrung. Er musste vertrauen. *»Was ist nun also der Glaube? Er ist das Vertrauen darauf, dass*

das, was wir hoffen, sich erfüllen wird, und die Überzeugung, dass das, was man nicht sieht, existiert« (Hebräer 11,1).

Zu gehen, wenn das Wunder schon sichtbar ist, benötigt keinen großen Glauben. Glaube aber heißt zu vertrauen, dass das, was wir nicht sehen, sicher geschehen wird. Genau so wächst unser Glaube, indem wir Schritte ins Unbekannte wagen. Durch Erfahrungen wird unser Vertrauen gestärkt, denn Erfahrungen werden unseren Glaubensschritten folgen.

Tiefer graben

Gott wartet auf dich, denn dann wird das Wunder dir folgen. Was hindert dich, an das Wunder zu glauben?

Bist du bereit dich aufs Wasser zu begeben?

Wo hast du Worte und Anweisungen von Gott, denen Schritte folgen sollten?

_____

_____

_____

_____

_____

_____

_____

_____

_____

_____

_____

Vertiefung – Sei stark und mutig

Gott weiß, dass du Angst hast. Doch er wird dir nicht die Angst nehmen, indem er die Probleme, Herausforderungen und scheinbar unmöglichen Hindernisse aus dem Weg räumt. Vielmehr spricht er dir Mut und Stärke zu. So wie er zu Josua gesprochen hatte, als dieser am Jordan stand und mit dem neuen Auftrag große Kämpfe und Zweifel hatte.

Sei stark und mutig! Du sollst meinem Volk zu dem Land verhelfen, das ich seinen Vorfahren versprochen habe.

Sei stark und mutig! Gehorche gewissenhaft den Gesetzen, die dir mein Diener Mose gab. Weiche nicht von ihnen ab, damit du Erfolg hast, wohin du auch gehst. Die Worte des Gesetzes sollen immer in deinem Mund sein. Denke Tag und Nacht über das Gesetz nach, damit du allem, was darin geschrieben steht, Folge leisten kannst, denn nur dann wirst du erfolgreich sein.

Ich sage dir: Sei stark und mutig! *Hab keine Angst und verzweifle nicht. Denn ich, der Herr, dein Gott, bin bei dir, wohin du auch gehst (Josua 1,9).*

Eine dreifache Ermutigung und ein dreifacher Segen, den Gott hier über Josua ausspricht. Worte, die sich in ihrer Bedeutung aufeinander aufbauen und einen klaren Hinweis geben, wie unser Glaube an Kraft zunimmt:

Dich habe ich erwählt.

Gott sieht dich! Du bist sein Sohn, er hat dich ausgewählt, berufen und befähigt.

Orientiere dich an meinem Wort.

Sein Wort hat Kraft. Das Wort ist das Brot des Lebens. Es ist die Wahrheit, die unsere Ängste und Zweifel besiegen kann.

Ich bin bei dir

Gott spricht dir seine Gegenwart und Begleitung zu. Du bist niemals allein! Er lässt dich nicht im Stich. Er geht an deiner Seite und sagt dir seine Hilfe zu.

Tiefer graben
Wo benötigst du Ermutigung ...
... in deiner Persönlichkeit?
... durch ein göttliches Wort?
... oder durch die Zusage seiner Begleitung?

Actionstep

Begehen der Slackline wie eingangs beschrieben. Diese Übung kostet die Kraft des ganzen Körpers. Alle Muskeln werden angespannt, alle Sinne sind auf »Sendung«. Die Männer sind jederzeit bereit, Hilfe anzunehmen, denn genau hierauf kommt es an. Alleine wird das vermutlich nichts, die helfende Hand ist entscheidend.

Abschluss

Vielleicht denkst du, dass die Zeit der Wunder in deinem Leben vorbei ist. Möglicherweise ist aber nur die Zeit vorbei, in der Gott ein Wunder tut, bevor du Schritte wagst! Sei mutig und stark und gewiss, dass Wunder und Zeichen auf deine Schritte folgen werden!

Gebet

Vater im Himmel, danke, dass du mir vertraust und mir für den Alltagswahnsinn immer wieder Mut zusprichst. Ich danke dir, dass du jederzeit bei mir bist, auch wenn es sich nicht immer so anfühlt. Doch ich will lernen, dir zu vertrauen, alle Hoffnung und allen Glauben auf dich zu setzen. Besonders in Situationen, in denen ich den Halt verliere und mich hilflos fühle. Danke für deine Treue und Nähe! Amen.

8. Verändern – Durch die Wüste

Skizze

Männer sollen den Unterschied zwischen einem sinnvollen und sinnlosen Umweg erkennen. Während Ersterer ein göttliches Mittel zur Stärkung sein soll, ist Letzterer eine schädliche Eigenproduktion, die von Gottes Willen entfernt.

Ziel

Heute geht es um Erneuerung und Veränderung, die durch Wüstenzeiten und Todestäler entstehen. Gerade Wege im Leben sind sicher erwünscht, aber doch letztlich selten vorhanden. Dieser Fakt stellt uns immer wieder vor die Wahl: Ertrage ich den langen Weg mit Gott oder »ziehe« ich »den kürzeren Weg« vor?

Thema

Zwischen einem Auftrag und der Erfüllung dessen liegt immer ein Weg. Die Frage ist nur, ob wir diesen Weg komplett gehen wollen. Manchmal locken Abkürzungen, denn der *vorgesehene* Weg erscheint oft als zu kompliziert. Doch die Wahrheit ist: Dieser Weg ist von zentraler Bedeutung und daher sehr wichtig!

Eisbrecher

Heute steht Wrestling auf dem Programm, also ein Spiel mit viel Körperkontakt! Die Regeln sind einfach: jeder gegen jeden. Durch Flatterband wird ein Quadrat von etwa 5 m Kantenlänge abgespannt, sodass zehn Männer gut darin Platz haben. Sobald ein Mann mit der Hälfte seines Körpers aus dem Feld herausgedrängt wird, scheidet er aus. Das Spiel endet, wenn am Ende nur noch ein Mann übrig bleibt.

Neben der körperlichen Herausforderung hat dieses Spiel eine psychische Komponente. Noch bevor es richtig losgeht, teilt sich die Gruppe unsichtbar in zwei Lager: in diejenigen, die Freude an dieser Muskel- und Dreckparade haben, und diejenigen, die innerlich nach einem Grund suchen, **nicht** mitmachen zu müssen. Die Männer haben sicher zahlreiche Ausreden im Kopf: »Ich hatte vor Jahren mal einen Hexenschuss!« – »Meine Hose ist neu und war tierisch teuer!« Kaum jemand wird es aussprechen, bis einer das Schweigen bricht, dann schließen sich erfahrungsgemäß andere an. Genau das ist die Lektion!

 Bibelstelle: Lies Psalm 23

»*Ein Psalm Davids. Der Herr ist mein Hirte, ich habe alles, was ich brauche. Er lässt mich in grünen Tälern ausruhen, er führt mich zum frischen Wasser. Er gibt mir Kraft. Er zeigt mir den richtigen Weg um seines Namens willen. Auch wenn ich durch das dunkle Tal des Todes gehe, fürchte ich mich nicht, denn du bist an meiner Seite. Dein Stecken und Stab schützen und trösten mich. Du deckst mir einen Tisch vor den Augen meiner Feinde. Du nimmst mich als Gast auf und salbst mein Haupt mit Öl. Du überschüttest mich mit Segen. Deine Güte und Gnade begleiten mich alle Tage meines Lebens, und ich werde für immer im Hause des Herrn wohnen.*«

(Sein Ziel sofort erreicht) (man ist stolz)
Wenn alles glatt laufen würde, fehlt barmherzig
und auch inneres Wachstum
(z.b. Gott kennenlernen) → ist ein Weg

71

Geschichte

Die Route

Das Volk Israel geht mehrfach durch die Wüste, und das für eine gefühlte Ewigkeit. Zwischen der Befreiung aus Ägypten und der Einnahme des Gelobten Landes lag eine Wüste, besser gesagt mehrere Wüsten: Schur, Sin und Sinai. Gott führt sie weder an der kürzesten und üblichen Handelsroute an der Mittelmeerküste entlang noch durch das Gebirge oder heiße Hochland der Sinaihalbinsel. Er leitet das Volk bis zum Berg Horeb durch das feindliche Gebiet der Philister. Dort, am »Berg der Verwüstung«, sollen Mose sowie später Elia Gott begegnen. Das Gleiche soll auch dem Volk Israel geschehen, das vor Ort die göttlichen Gebote und Anweisungen erhält. Die Begegnung ist besonders und hinterlässt einen richtig tiefen Eindruck: Der Berg loderte wie Feuer, war in Rauch gehüllt und bebte stark (2. Mose 19,18). Posaunen erschallten und Gott sprach für alle hörbar.

Die Zeit

Vom Auszug aus Ägypten bis an den Horeb waren zwei Monate vergangen (2. Mose 19,1). Die Besteigung des Berges durch Mose und dessen Begegnung mit Gott dauert vierzig Tage und Nächte (2. Mose 24,18) an. Danach lagert das Volk zwei Jahre am Fuße des Berges und baut ein Heiligtum, in dem Gott bei ihnen wohnt und ihnen Anweisungen gibt. Nach dieser Zeit waren sie bereit und machten sich auf in das Land, das Gott ihnen versprochen hat (4. Mose 10,11). Die Reise vom Horeb bis an die Grenze des verheißenen Landes sollte nur elf Tagesmärsche andauern (5. Mose 1,2). Für die ganze Wüstenwanderung von Ägypten bis an die Grenze Kanaans waren am Ende zwei Jahre und wenige Monate vergangen. Die Tage, an denen das Volk effektiv wanderte, waren wahrscheinlich auf nur wenige Wochen begrenzt. Diese vierzigjährige Wüstenwanderung folgte wegen des Unglaubens des Volkes, aufgrund ihrer Rebellion, als sie den zehn der zwölf Kundschafter, die die Eroberung von Kanaan als unmöglich erklärten, mehr Gehör schenkten als den beiden treuen Spionen Josua und Kaleb. Diese hatten jedoch Gott vertraut und die Fruchtbarkeit des Landes betont. Vier Jahrzehnte musste das Volk schließlich umherirren, bis alle starben, die zum Start älter als zwanzig waren, ehe sie noch einmal eine Möglichkeit erhielten, das verheißene Land zu erobern (4. Mose 14,28-34).

Vertiefung – Initiation

Der Auszug aus Ägypten dauert – rein netto betrachtet – nicht allzu lang. Vielmehr ist es eine Zeit, in der sie gereinigt, vorbereitet und in ihrer Beziehung zu Gott gestärkt werden sollten. Diese zwei Jahre sind eine Initiationszeit. Eine Zeit, in der das Volk Gott kennenlernen, Wunder und Zeichen erleben und seine Fürsorge und Treue sichtbar verstehen sollte. Der Glaube soll gestärkt und das Vertrauen erlernt werden, um bereit zu sein, das gute Land, das für sie fix und fertig bereitliegt, in Besitz zu nehmen. In Psalm 23 lesen wir von einem ähnlichen Weg von einer Weide zur nächsten. Wenn Gott uns dorthin führt, dann geht der Weg nicht selten durch ein Tal. Dieser Weg ist dabei niemals eine Bestrafung oder eine Konsequenz, sondern vielmehr der einzige Weg, der zur saftigen Wiese führt. Die erste Weide ist abgefressen, kahl oder verdorrt. Dennoch lädt uns Gott an einen gedeckten Tisch mit vollem Becher ein. Er möchte uns ein Land schenken, in dem Milch und Honig fließen. Mehr noch: Er lädt uns nicht nur ein, sondern begleitet uns auch mit seinem Stab. Insbesondere dann, wenn die Route durch ein dunkles Tal, eine Wüste oder einen Abgrund führt. Nicht umsonst nennt der Psalmist diesen Weg ein »Todestal«. Nur im Schatten und in der Finsternis sterben alte

Lebensmuster und Lügen, sodass wir die Hilfe und Erneuerung durch Gott erleben können. Im Tal des Todes geschieht die absolut notwendige Veränderung, ohne welche wir nicht ins verheißene Land kommen oder uns an den gedeckten Tisch setzen können.

Elia, Hiob, David oder Jesus haben diesen Weg durchschritten. Der Weg ist eine Initiation, der den Menschen reifen lässt. Hier wird aus einem Knaben ein Mann, aus einem Jüngling ein Krieger, Liebhaber und König. Die Verwandlung geschieht nicht einfach so oder über Nacht. Mancher Mann hat bereits einige graue Haare und hat diesen Weg dennoch noch nicht beschritten. Tragischerweise stirbt mancher Mann, ohne die wahre Berufung entdeckt oder je in die Nachfolge gekommen zu sein! Denke darüber einmal nach: Elia begegnete nach vierzig Tagen Wanderung ohne Essen und Trinken seinem Gott unter Feuer, Sturm und Beben in der Höhle am Horeb.

Hiob hatte alles verloren, Kinder, Besitz und Gesundheit, als Gott sich ihm zu erkennen gab.

Der gesalbte König David musste um sein Leben fürchten und wurde verfolgt, ehe er sein Amt antrat.

Jesus musste sterben, um das Totenreich zu besiegen, um einst als König von Himmel und Erde alles zu erobern.

Alle diese Personen wurden reich beschenkt, in Verantwortung gestellt, mit großen Aufgaben betraut und als Helden und Männer des Glaubens gekrönt. Verlust, Verfolgung, Totenreich waren »nur« Wegabschnitte zu neuem und göttlichem Leben.

Bedenke: Das Leben ist nicht immer einfach. Ehen und Beziehungen werden nicht ohne Engagement heil und erfüllend. Dein Job floriert nicht nur, weil du das willst! Über Nacht werden Männer nicht zu neuen Menschen. Veränderung ist kein einfaches Gebet. Sie ist ein Weg und eine Aufgabe. Vielleicht ein komplizierter Weg, aber einer, der ein sicheres Ziel hat! Was der 23. Psalm ausdrücken möchte, hat Samuel Rutherford auf eine sehr schöne Weise beschrieben: »Es kostet Christus und seinen Nachfolger manchen Sturm, heftige Regengüsse und heißen Schweiß, bevor sie die

Gott hat Zeit mit uns

Spitze des Berges erklommen haben. Doch immer noch wünscht sich unsere verweichlichte Natur, dass der Himmel uns im Schlaf nahe kommt und sich zu uns niederlegt, damit wir den Weg zum Himmel in warmen Kleidern gehen können. Doch alle, die dort ankamen, hatten unterwegs nasse Füße bekommen; beißender Wind hatte ihnen das Gesicht zerschunden und auf dem Weg waren ihnen viele Höhen und Tiefen, Schluchten und Gratwege begegnet.«

Als Jesus mit seinen Jüngern mit dem Schiff von einem Ufer zum anderen segelte, wurden sie von einem starken Sturm und gewaltigen Wellen überrascht (Matthäus 8,23ff). Jesus schlief! Er hatte die Ruhe weg, weil er sich in Gott geborgen wusste. Wie oft haben wir das Gefühl, dass Gott schläft? Die Jünger waren voller Panik und Angst, sodass Jesus sie anschließend dafür tadelte: »Ist euer Glaube denn so klein?« Deshalb brauchen wir Stürme, damit unser Glauben wächst. Denn im Sturm geschieht etwas Besonderes.

Gott wird persönlich!

Das **Er** wird zum Du! Unsere Beziehung zu Jesus wird persönlich. Unser Glaube und unsere Person bekommen Format. Wir werden erwachsen, nicht nur physisch, sondern auch seelisch und geistig.

Der Psalm 23 beginnt in der Er-Form:

»*Der Herr ist mein Hirte, ich habe alles, was ich brauche. Er lässt mich in grünen Tälern ausruhen, er führt mich zum frischen Wasser. Er gibt mir Kraft. Er zeigt mir den richtigen Weg um seines Namens willen.*« Dazwischen liegen das Tal, der Sturm, die Wüste: »*Auch wenn ich durch das dunkle Tal des Todes gehe, fürchte ich mich nicht [...].*« Doch mitten im Tal des Todes geschieht eine Veränderung. Das Er wird zum Du: »*[...] denn du bist an meiner Seite. Dein Stecken und Stab schützen und trösten mich. Du deckst mir einen Tisch vor den Augen meiner Feinde. Du nimmst mich als Gast auf und salbst mein Haupt mit Öl. Du überschüttest mich mit Segen. Deine Güte und Gnade begleiten mich alle Tage meines Le-*

bens, und ich werde für immer im Hause des Herrn wohnen.« In der Wüstenzeit – und vermutlich nur dort – wird Gott persönlich erlebbar. Unsere Beziehung zu ihm wird echt und unsere eigene Person heil. Unsere Schminke verblasst, wir werden bereit für all das, was er für uns bereithält und was er durch uns tun möchte.

Tiefer graben

Wie heißt das Tal, in dem du dich gerade befindest?

Wie hast du den Sturm durchquert und die andere Seite erlangt?

_____

_____

_____

_____

_____

_____

_____

_____

Actionstep

Nach dem Impuls gibt es noch einmal eine zweite Runde Wrestling. Beginnt die Runde mit einem erneuten Aufruf, mit aller Körperkraft als Sieger das Spielfeld zu verlassen. Auch dieses Mal wird es manchem Mann nicht leichtfallen, aber ein Weg mit Gott beginnt mit dem ersten Schritt.

Vertiefung – Vermeide Umwege!

Verheerenderweise wurde die zweijährige Initation in ein vierzigjähriges Umherirren und Wüstensterben verwandelt. Wer war schuld? Es scheint, die Berufenen und Erwählten selbst. Sie wählten den Tod anstatt das Leben. Von Beginn an begleitete sie ein großes Murren und Klagen. Zweifel, Ängste und Misstrauen wurden nie wirklich überwunden. Bis zum Schluss urteilten sie mit den Augen, statt dass sie gelernt hätten, mit dem Herzen zu sehen und zu vertrauen. Kaum hatte das Volk erlebt, wie Gott das Meer teilt, beschwerten sie sich drei Tage später wegen zu wenig und bitterem Wasser. Welche Ironie?! Das Wasser wurde trinkbar (2. Mose 15,22-25). Einen Monat später klagten sie wegen Hunger und wollten lieber zurück. Gott lässt Brot vom Himmel regnen (2. Mose 16,3-4). Mose ist vierzig Tage auf dem Berg. In dieser Zeit fühlt sich das Volk allein und baut einen Ersatzgott aus Gold. Sie jammerten über dies und das. Meist ging es ums Essen. Zu wenig, zu eintönig, zu schlecht gewürzt. Wie reagiert Gott? – »*Morgen werdet ihr Fleisch zu essen bekommen, denn ihr seid mir mit eurem Gejammer in den Ohren gelegen: Wer gibt uns Fleisch zu essen? Wie gut hatten wir es doch in Ägypten! Der Herr wird euch Fleisch geben und ihr werdet davon essen. Nicht nur einen Tag sollt ihr davon essen, auch nicht zwei, fünf, zehn oder 20 Tage. Ihr werdet einen ganzen Monat lang Fleisch essen, bis es euch wieder zu den Ohren herauskommt und ihr euch davor ekeln werdet*« (4. Mose 11,18-20). Alles Murren, Jammern und Klagen hat Gott nie davon abgehalten, das Volk bis zur Grenze des Gelobten Landes zu führen. Er bewies immer wieder durch Fürsorge und gewaltige Wunder, dass er mit ihnen ist. Doch als die zwölf Kundschafter, welche Mose als Spione nach Kanaan sandte und zehn von ihnen mit üblen Geschichten über angeblich zu starke Riesen und über Festungen, die vermutlich zu groß wären, lautstark für Unruhe sorgten, war es wirklich zu viel: »*Wie lange soll mir dieses böse Volk noch Vorwürfe machen? Ich habe ihre Klagen gehört. Richte ihnen Folgendes aus: ›So wahr ich lebe, werde ich euch genau das antun, mit dem ihr mir in den Ohren gelegen habt, spricht der Herr«* (4. Mose 14,27-28). Gott hatte unglaublich lange Geduld, hat ihnen immer wieder vergeben. Zeigte ihnen Zeichen und Wunder als Antwort ihrer Klagen. Gnade und Barmherzigkeit begleiten das Volk, doch sie hatten sich gegen Gott entschieden. Nur mit großer Mühe konnte Mose ihn von seinem Vorhaben abbringen.

Tiefer graben

Für welchen Weg entscheidest du dich? Wo darfst du Gott wieder mehr mit einbeziehen?

Ist Murren und Klagen dein Wegbegleiter?

Wo hast du Wunder in deinem Alltag schon einmal erlebt?

Wie schnell vergisst du die Wunder und Zeichen?

Abschluss

Wenn dich Gott befreit, dann wird zwischen dem alten und neuen Weg immer ein passabler Wegabschnitt liegen. Der neue Weg lässt aus Gottes Sicht keine Abkürzung zu. Jedoch schaffen wir es regelmäßig, vermeintliche Abkürzungen zu suchen und zu finden. Hinzu kommt, dass wir diese Abkürzungen dann noch zu längeren Umwegen umfunktionieren. Umwege, die sich zwar niemand von uns wünscht, aber doch oft wählt. Das Fatale an dieser Taktik ist: Wir gehen dem Segen aus dem Weg. Wir wählen stattdessen den steinigen und gefährlicheren Weg, nur weil er breiter ist und von mehr Menschen genutzt und ausgelatscht wurde. Ein Irrtum, den es zu vermeiden gilt. Sei bereit, wenn Gott mit dir von einer Seite zur anderen segelt und mit dir Stürme und hohe Wellen überwindet. Denn Gott wird nicht nur bei dir sein, sondern dich in diesen Stürmen wachsen lassen und näher zu sich ziehen!

Gebet

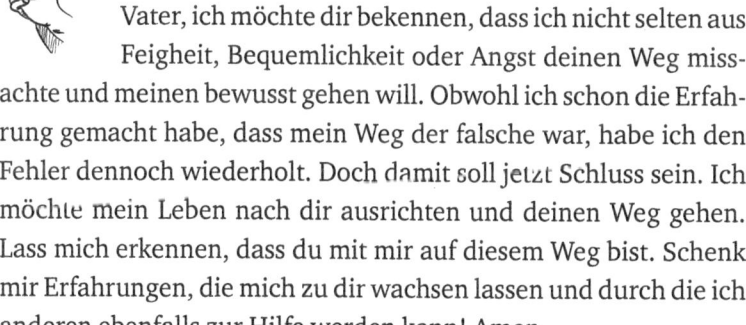

Vater, ich möchte dir bekennen, dass ich nicht selten aus Feigheit, Bequemlichkeit oder Angst deinen Weg missachte und meinen bewusst gehen will. Obwohl ich schon die Erfahrung gemacht habe, dass mein Weg der falsche war, habe ich den Fehler dennoch wiederholt. Doch damit soll jetzt Schluss sein. Ich möchte mein Leben nach dir ausrichten und deinen Weg gehen. Lass mich erkennen, dass du mit mir auf diesem Weg bist. Schenk mir Erfahrungen, die mich zu dir wachsen lassen und durch die ich anderen ebenfalls zur Hilfe werden kann! Amen.

9. Einnehmen –
Neuland erobern

Skizze

Heute soll es darum gehen, ein neues »Land«, also einen noch unbekannten Bereich im eigenen Leben, zu erobern und für sich zu reklamieren. Wie viel »Land« nehmen wir aus Furcht, Lustlosigkeit oder wegen falscher Priorität nicht ein und verpassen so ein Höchstmaß an Segen?

Ziel

Etwas zu erobern oder einzunehmen, gemeinsam einen scheinbar unmöglichen Plan zu erfüllen, ist Ziel dieser Einheit. Es gilt, die eigene Kraft voll auszuspielen, um hinter den »feindlichen« Linien einen Sieg zu erreichen. Die Verdeutlichung dieses Ziels wird mit dem Eisbrecher veranschaulicht.

Thema

Das Volk Israel betritt Neuland und erhält dazu göttliche Versprechungen, Auftrag und Ziele. Diese sind jedoch nicht einfach über Nacht zu erreichen. Einen Auftrag zu empfangen und zu befolgen, bedeutet, neue Wege zu gehen. Die Eroberung ist dabei ein Akt der Ausdauer und des Kampfes. Vor allem aber bedeutet es, zu lernen, mit dem Herzen zu schauen und zu glauben.

Eisbrecher

Spielt das Mannschaftsspiel *Capture the flag*. Das Spiel ist für zwei Gruppen, die gegenseitig versuchen, das gegnerische Land bzw. die Fahne zu erobern. Ein Spiel mit Körperkontakt, Strategie, Atemlosigkeit und unbändiger Siegesfreude, den »Feind« bezwungen zu haben. Anleitungen gibt es reichlich im Internet, zum Beispiel: http://www.spielewiki.org/wiki/Capture_the_Flag.

 **Bibelstelle: Lies Josua 6,1-5**

»Die Tore von Jericho waren fest verschlossen, weil sich die Bewohner vor den Israeliten fürchteten; niemand durfte hinein oder hinaus. Da sagte der Herr zu Josua: ›Ich habe Jericho, seinen König und dessen starke Krieger in deine Hand gegeben. Dein Heer soll die Stadt einmal am Tag umrunden. Das soll sechs Tage lang geschehen. Dabei sollen sieben Priester vor der Lade hergehen, und jeder von ihnen soll ein Widderhorn tragen. Am siebten Tag sollt ihr die Stadt siebenmal umrunden und die Priester sollen in die Hörner stoßen. Wenn ihr hört, dass die Priester ihre Hörner blasen, soll das ganze Volk lautes Kriegsgeschrei anstimmen. Daraufhin werden die Stadtmauern zusammenbrechen, und das Volk kann geradewegs in die Stadt eindringen.‹«

 **Geschichte**

Nach über 400 Jahren ägyptischer Sklaverei und anschließender 40-jähriger Wüstenwanderung ist das Volk endlich in dem Land, das Gott einst Abraham und seinen Nachkommen verheißen hatte. Der Jordan als sichtbares Zeichen für einen (erneuten) Neuanfang ist überwunden. Nun gilt es, Gott zu gehorchen und ihm mutig zu folgen. Seine Anweisungen sind eindeutig, auch wenn mancher sicher verunsichert war, als er von Josua erfuhr, was zu tun ist: Das Volk soll 13-mal um die Stadt gehen. Eine solche Strategie erscheint zunächst wenig sinnvoll, da sie mit normalem Menschenverstand nicht begreifbar ist. Unter der Führung Josuas wird also nun die erste Stadt eingenommen und von da aus – wenn auch mit Umwegen – das ganze Land.

Das ganze Buch Josua erzählt von dieser Landeinnahme, auch wenn diese selten den freiwilligen Abzug der feindlichen Bewohner bedeutete. Die Israeliten erfahren teilweise heftigen Widerstand. Gelegentlich ist das Volk auch gegenüber Gott hochmutig, indem es denkt: »für das bisschen brauchen wir Gott nicht, das schaffen wir auch ohne ihn!« Interessanterweise ist Gott stets auf ihrer Seite, hilft, stärkt und koordiniert den Kampf gegen unterschiedliche Stämme, wie die Philister und Kanaaniter.

Vertiefung – Eroberung

Das Betreten eines neuen Landes oder Überschreiten einer Schwelle bedeutet zwar, angekommen zu sein, allerdings ist das Land normalerweise noch besetzt und die Bewohner bieten uns die Stirn. Wenn wir uns an den gedeckten Tisch setzen können, wie es in Psalm 23 heißt, geschieht dies immer *»vor den Augen meiner Feinde«*. Das Land muss erst erobert werden, Feind um Feind, Stadt um Stadt, Region um Region. Gott hat schon vor der Eroberung den fremden König der Stadt Jericho in die Hand Josuas gelegt, selbst wenn die Einnahme der Stadt erst Tage später geschah. Die Mauer der Stadt sollte erst fallen, nachdem das Volk die Stadt sechs Tage lang schweigend, am siebten Tag noch einmal insgesamt sieben Mal umrundet hatte und Hornschall und Kriegsgeschrei zu hören waren.

Gott zu vertrauen, sein Eingreifen als ein Wunder zu verstehen, ist keine Zauberei oder irgendein billiger Hokuspokus. Es ist eine biblische Wahrheit und ein geistliches Gesetz: Gott hat das letzte Wort. Er hat die Naturgesetze nicht nur geschaffen, sondern kann sie nach seinem Wohlwollen außer Kraft setzen oder verstärken. Lass dich mal kurz auf ein Gedankenexperiment ein: Angenommen wir würden heute mit starkem Geschrei 13-mal um Jericho ziehen. Als moderner Mensch nutzen wir natürlich das Auto, wir lassen alle Autohupen laut ertönen. Ich bin mir sicher, die Stadtmauer hätte nur ein müdes Lächeln übrig und die Bewohner der Stadt ebenfalls. Doch die Ansage Jesu im Neuen Testament ist glasklar: *»Und noch etwas sage ich euch: Wenn zwei von euch hier auf der Erde darin eins werden, um etwas zu bitten – was immer es auch sei –, dann wird es ihnen von meinem Vater im Himmel gegeben werden«* (Matthäus 18,19; NGÜ). Diesen Blankoscheck gilt es täglich einzulösen, doch wir tun es nicht, weil uns der Glaube fehlt. Denn unsere Lebenserfahrung sagt, dass dieses Vertrau-mir-bete-und-staune-Prinzip nicht klappt. Das ist ein Irrtum! Befreiung und Wunder sind nicht einfach ein Resultat eines blinden Gehorsams. Das bedeutet nicht, wenn ich mich richtig verhalte und die Gesetze befolge, dass mich Gott segnen muss und Erfolg entsteht. Es ist nicht der Gehorsam, der Berge versetzt, sondern der Glaube! Doch ist es nicht allein unser Glaube, der Mauern zum Einsturz bringt, sondern Gott ist es, der es tut. Der Glaube ist also keine Tat oder Leistung, vielmehr ist die Tat eine Frucht des Vertrauens auf Gott. Der Glaube ist ein inneres Sehen einer Welt, die unseren physischen Augen meist verborgen ist und mit dem Herzen entdeckt werden muss. Unsere Urteile über eine Situation werden zu schnell und meist sehr voreilig gefällt. Denn sie sind Resultate unserer Gedanken und diese werden durch unsere eigene Interpretation gefestigt. Damit unsere Urteilsfähigkeit nicht voreilig von äußeren Umständen beeinflusst wird, ist Zeit ein guter Ratgeber. Sich über einen Zeitabschnitt mit einer bestimmten Situation zu beschäftigen, benötigt Ausdauer, schärft aber unseren Blick für Dinge, die wir nicht sofort wahrnehmen.

Hinter dem Kampf um Jericho stand ein viel größerer Krieg. Die Geschichte von Jericho hatte eine Vorgeschichte: *»Als Josua in der Nähe von Jericho war, sah er plötzlich einen Mann, der ihm mit gezücktem Schwert in der Hand gegenüberstand. Josua ging auf ihn zu und fragte: Gehörst du zu uns oder zu unseren Feinden?*

Weder noch, antwortete er. Ich bin der Anführer der Heerscharen des Herrn und bin eben eingetroffen« (Josua 5,13-14). Josua stand dem Anführer der Heerscharen gegenüber. Ihm wurden die Augen geöffnet und er konnte sehen, welche Macht sich formierte, um die Stadt und das Land dem Fürsten zu entreißen. Die Ausdauer der Männer und deren Kriegsgeschrei waren nicht die entscheidende Kraft. Die Ausdauer und das Kriegsgeschrei waren notwendig, damit dem Volk die Augen aufgingen und sie von Herzen glauben konnten, dass Gott die Stadt erobert.

Unsere Ausdauer im Glauben kann genauso mächtig sein. Die Macht daran ist, dass wir unsere Herzen ganz Gott ausliefern und ihm vertrauen. Der größte Sieg liegt in der Bereitschaft, Gott den Weg zu ebnen und ihm unsere Situationen zu übergeben. Das benötigt Zeit, da wir loslassen und unsere Herzen ganz auf ihn ausrichten müssen. Genau das ist die eigentliche Lektion für uns: Wir dürfen unser Herz auf Gott ausrichten. Wir lesen oft die Bibel mit dem Ziel, möglichst rasch eine möglichst konkrete Antwort auf eine bestimmte Frage zu erhalten. Oder wir lesen gar nicht in der Bibel, sondern begnügen uns bestenfalls noch mit dem Vers des Tages aus einem Andachtsbuch oder den »Losungen«. Aber mal ganz ehrlich, so kann kein Herz an Vertrauen gewinnen. So degradieren wir Gott und sein Handeln zu einem Selbstzweck, einer Art religiöser Übung, die aus dem einstigen Schwert, dem Wort Gottes, ein Gummimesser macht, welches nichts mehr ausrichten kann. Doch dieses Gottvertrauen lernen wir nicht vor der Glotze oder im Sessel. Das geschieht auch nicht nebenbei! Vertrauen auf Gott lernt man im aktiven Leben und Dialog mit dem lebendigen Gott. Einem Gott, der mich ernst nehmen, der mir begegnen will und dabei Wunder der Veränderung im Gepäck hat, die ich mir in meinen kühnsten Vorstellungen nicht ausmalen kann.

Tiefer graben

Was hält dich ab, deinen Fokus auf die Kraft Gottes und seine Heerscharen zu richten?

Hast du Ausdauer, um deinen Glauben zu schärfen und mit den inneren Augen zu sehen?

Was siehst du?

_____

_____

_____

_____

_____

_____

_____

_____

Vertiefung – Schritt um Schritt

»Als Josua sehr alt geworden war, sagte der Herr zu ihm: Du wirst alt, und es gibt noch sehr viel Land, das erobert werden muss« (Josua 13,1). Josua benötigte sein ganzes restliches Leben, um das verheißene Land zu erobern und dieses Land in Regionen den Stämmen des Volkes Israel zu übergeben. Es war nicht so, dass das Land auf einen Schlag befreit und alle Feinde vertrieben waren: *»Und der HERR, dein Gott, wird diese Völker nach und nach vor dir vertreiben; du kannst sie nicht rasch aufreiben, sonst würden sich die Tiere des Feldes zu deinem Schaden vermehren«* (5. Mose 7,22; SLT). Es geht immer nur *Step by Step* und das ist ein durchaus göttliches Prinzip. Es bedeutet nicht, dass diese Steps unglaublich klein und beinahe zu übersehen wä-

ren. Nein, es können auch sehr große Schritte sein. Wichtiger als die Länge der Schritte sind deren Richtung. Unser Wunsch ist es, dass Gott unser Leben möglichst schnell und alles auf einmal in Ordnung bringt: Wir möchten, dass er alle Hindernisse wegräumt und wir ein für alle Mal in Ruhe leben können. Doch das macht er nicht. Ein Raum, der befreit wird, muss neu besetzt werden können. Ansonsten wird es schlimmer als zuvor.

Actionstep

Spielt eine erneute Runde *Capture the flag!* Nun gibt es die Möglichkeit einer Revanche. Geht mit Taktik und Geschwindigkeit an den Überfall des »feindlichen Gebietes«.

Abschluss

Eine Landeinnahme ist wichtig und richtig. Versuche diesen Gedanken und dieses Prinzip mit Gott gemeinsam in deinen Alltag umzusetzen. Definiere das Land, welches du noch heute einnehmen willst, um es deinen Feinden wieder zu entreißen.

Gebet

Vater, wir möchten dir danken, dass du viel schlauer und mächtiger bist. Danke, dass du alle Möglichkeiten besitzt, uns zu verändern. Es tut uns leid, dass wir uns viel zu oft um uns selbst drehen, dass wir nur das eine Problem sehen, das uns gerade im Wege steht. Du dagegen siehst alle anderen Probleme und Veränderungsnotwendigkeiten schon jetzt. Danke, dass du uns nicht aufgibst, sondern mit uns Schritt für Schritt durchs Leben gehen willst. Danke, dass du dich täglich selbst beweist und uns Mut machen willst, dir jedes Mal aufs Neue mehr zu vertrauen! Amen.

10. Feiern – und zwar richtig

Skizze
Feierlichkeiten und Denkmäler sind ein wichtiger Teil der alttestamentlichen Geschichte. Sie schärfen den Blick für die Wirksamkeit und Verlässlichkeit Gottes, sind Ausdruck der Dankbarkeit und helfen sich zu erinnern.

Ziel
Feiert gemeinsam ein Fest. Bewusst und großzügig. Lasst es krachen! Nehmt das beste Fleisch, guten Wein und fröhliche Stimmung, nicht feuchtfröhlich, sondern dankbar. Erfreut euch eurer Bruderschaft und freut euch an Jesus, der euch auf diese Weise zueinandergebracht hat.

Thema
»Es gibt nichts Besseres für den Menschen, als sich an dem zu freuen, was er isst und trinkt, und das Leben trotz aller Mühe zu genießen. Doch ich erkannte, dass auch das ein Geschenk Gottes ist« (Prediger 2,24-26).

Eisbrecher

Baut aus Steinen ein Denkmal. Jeder Stein soll ein Ausdruck des Dankes und Sinnbild für einen Sieg sein, den ihr mit Gott gewonnen habt. Erzählt euch einander eure Geschichte, von Siegen und Niederlagen, von Erlebnissen und von Mut und Trug.

Bibelstelle: Lies Josua 4,1-2

»Nachdem das ganze Volk den Fluss überquert hatte, sagte der Herr zu Josua: Wähle zwölf Männer, einen aus jedem Stamm. Lass sie von dort, wo die Priester stehen, zwölf Steine aus dem Flussbett holen und an dem Ort aufstellen, an dem ihr heute Nacht lagern werdet.«

Geschichte

Das Volk Israel ist nach einer gefühlten Ewigkeit, nach unzähligen Strapazen, nach reichlich Leid, Umwegen, Schweiß und Stress endlich im verheißenen Land angekommen. Es war letztlich kein langer Weg, aber eine lange Zeit, da das Volk 40 Jahre in der Wüste kreiste und ein ums andere Mal Umwege ging. Die Untreue der Auskundschafter von einst musste bezahlt werden, doch jetzt war es endlich so weit. Gestartet durch Befreiung aus der Sklaverei der Ägypter, entlang durch eine unbarmherzige Wüste mit Manna, Wachteln, einer stets pünktlichen Versorgung durch Gott und schließlich frei gemacht von Ängsten und Unglaube. Der Jordan als letztes großes Hindernis liegt nun hinter ihnen und die Füße bleiben überraschend trocken. Als Zeichen stellten sie ein Denkmal auf und die Männer ließen sich alle beschneiden. Das Volk war tief beeindruckt von der Führung Gottes.

Vielleicht kennst du das auch: Ein harter Weg liegt hinter dir, viele Höhen und Tiefen sind noch deutlich in deiner Erinnerung präsent. Du bist immer noch völlig sprachlos von der Fähigkeit Gottes, dein ganzes Leben wie ein 1000-Teile-Puzzle perfekt zusammenzufügen. Nichts fehlt, nichts ist zu viel und alles passt nahtlos aneinander. Mittendrin stehst du und kannst deine Dankbarkeit gar nicht recht in Worte fassen, weil Gott dir die geheimsten Wünsche, unausgesprochene Sehnsüchte und Träume erfüllt hat, ohne dass du auch nur einen Finger krümmen musstest. Deswegen ist Feiern angesagt. Auf dieses Ereignis sagte Gott: »Heute habe ich die Schande eurer Sklavenzeit in Ägypten von euch abgewälzt« (Josua 5,9). Anschließend feiert das ganze Volk das Passahfest und ernährt sich im folgenden Jahr von den Früchten Kanaans. Endlich kein Manna mehr. Endlich Früchte, frisches Obst und alles, was man sich nur vorstellen kann. Wie stark muss dieses Erleben, wie aromatisch müssen die ersten Trauben im Mund des Volkes gewesen sein.

Vertiefung – Erinnern

In der alttestamentlichen Zeit war es ein Gebot, Feste zu feiern und Denkmäler zu bauen. Nach jedem Sieg oder großem Ereignis wurden Steintürme errichtet und erneut Feiern durchgeführt. Feste sind Zeitabschnitte, sie sind eine Insel. Wie ein Aufatmen, bevor man wieder aufbricht. Ein Fest würdigt die Strapazen auf dem Weg und belohnt uns für die Mühen und Anstrengungen. Es hilft uns den Sieg zu verstehen, das erreichte wahrzunehmen und das Herz mit Dank zu füllen. Es richtet unsere Sicht aus auf den, der uns geführt hat, und schafft reichlich Raum für unseren Lobpreis. Ehrlicher und echter Lobpreis, der aus tiefstem Herzen kommt. Schmerzen verlieren an Kraft und Heldengeschichten werden geboren. So mancher Mann, von Statur ein Kerl wie ein Baum, reibt sich heimlich die Tränen aus den Augen, denn die Seele hat weder Muskeln noch das Bedürfnis, die Fassung zu bewahren. Sie muss sich nicht verstellen, sondern liebt den freien und ungebremsten Zugang zu Gott. Tiefe Gefühle der Dankbarkeit entstehen und schütteln manchen Mann durch. Ein Erlebnis, das man so bald nicht vergisst!

Solche Denkmäler dienen zugleich als Schutz. Sie sollen an die Führung und Treue Gottes erinnern. Denn der Weg geht weiter und die nächsten Herausforderungen, Zweifel und Kraftlosigkeiten lauern an der nächsten Ecke auf uns. Zu schnell vergessen wir dann die Hilfe Gottes und seine Befreiung aus unseren Nöten. Zu schnell sehen wir in der neuen Situation nur die nächsten Riesen und Probleme. Ängste bauen sich gigantisch vor uns auf und verstellen uns den Blick, bevor wir richtig im neuen Land angekommen sind. Denn wir haben ein bedeutendes Problem: Wir sind unglaublich vergesslich. Das Gute rutscht schnell in Vergessenheit und unsere Augen sehen schon die nächsten dunklen Täler. Wir brauchen daher äußere Dinge, die uns im Innern aufrichten, die unsere Gedanken auf den geistlichen Weg bringen und unser Herz immer wieder in den ungefilterten und ehrlichen Lobpreis führen.

 **Actionstep**
Stille. – Jeder Mann erhält so viel Zeit wie er braucht, um seine Beziehung, sein Erleben und seinen Weg mit Gott zu reflektieren. Mann für Mann legt schließlich bewusst ein Scheit Holz auf das Feuer, als Ausdruck dafür, dass die Reise nicht beendet ist, sondern deutlich weitergeht und dass Gott jeden noch mehr verändern und an neue Orte bringen darf. Kurz: Das Abenteuer mit Gott ist nicht zu Ende, sondern es startet ein neues Kapitel.

 **Abschluss**
Das Leben ist eine Reise, auf der wir immer mehr zu den Männern werden, zu denen Gott uns geschaffen hat. Nimm die Herausforderung an und lasse dich gebrauchen. Sei mutig und stark, du bist ein Sohn Gottes, geliebt und beauftragt. Trage das Feuer in dir, nähre es und verbreite es.

Du als Mann hast einen Start mit Jesus gemacht, hast einige

Feuerabende besucht, hattest Gelegenheit, dein Leben in aller Stille oder auch in brüderlicher Nähe zu reflektieren. Gott liebt den Dialog mit dir. Jesus möchte kein Selbstgespräch führen, sondern er stellt dir Fragen, nimmt dich an die Hand und ist damit dein steter Begleiter – auch jetzt. Wir Männer sind merkwürdige Typen, definieren uns oft über Muskeln, Mut und Männerwitze. Doch direkt unter der Haut, dort, wo niemand außer Gott hinsehen kann, da sind wir anders. Wir suchen heimlich das Gespräch mit Gott, lassen unsere Maske fallen und suchen seinen Rat, machen aber ebenso oft den dummen Fehler, dieses wortlose Gespräch einfach durch den Alltagswahnsinn abzuwürgen.

Gehe daher als Mann den nächsten Schritt mit Jesus. Bleibe nicht stehen. Setze deinen neu gewonnenen Plan um, verwandle deine Lebensentscheidung in Sichtbares, esse auch du von den Früchten des neuen Landes. Genieße Jesus. Also einfach das volle Programm. Männermäßig, wie Jesus sich das vorstellt!

 Gebet

Vater, lebendiger Gott, wir sind dir so dankbar für die Reise, die du mit uns gehst. Wir sind dir keine Last, obwohl wir dir Mühe machen. Wir sind kein Problem, obwohl wir dir oft Sorgen machen. Du hast dich selbst für uns verwendet, hast deinen Sohn verbluten lassen. Wir dürfen hier und jetzt diese Tatsache zu unserer Geschichte dazuaddieren, dürfen Nutznießer sein, von deinem großen, unendlich wirksamen Werk von Golgatha. Danke, hab einen Riesendank, für deinen Segen, deine Liebe und Vergebungsbereitschaft. Wir bitten dich zugleich, dass du uns auch weiter veränderst, dass wir als Männer die Rolle und den Auftrag wahrnehmen, den du für uns vorgesehen hast, dass wir Verantwortung übernehmen, kraftvoll, mutig, entschlossen, uns einsetzen für Gott, für Gemeinde, für Familie und für Gerechtigkeit! Nun wollen wir feiern, wollen Spaß haben, wollen Geschichten erzählen, die dich in den Mittelpunkt setzen! Halleluja! Amen.

Die Bewegung 4M

Die internationale christliche Männer- und Frauenbewegung 4M verknüpft körperliche Erfahrung mit geistlichen Inhalten. Sie will Herzen inspirieren und Wellen der Gerechtigkeit freisetzen.

Dies geschieht im Kern durch sogenannte Charakter- und Life-Challenge-Wochenenden und die Muskathlons.

4M setzt mittels ganzheitlichen Erlebnissen in der freien Natur Impulse, um Männer und Frauen in diesem Prozess herauszufordern, zu ermutigen und zu stärken.

4M startete 2008 als Männerbewegung in den Niederlanden und verbreitete sich seitdem weltweit: In elf Ländern sind bereits eigenständige Teams entstanden und über 10 000 Männer können sich Musketiere nennen. 2015 entstand parallel dazu die Frauenbewegung »Arise«. Gemeinsam werden regelmäßig die Charity-Marathons »Muskathlon« organisiert.

Alle Angebote von 4M verstehen sich als Support und Dienstleistung für die lokalen Kirchen und als positive Stärkung unserer Gesellschaft.

www.4m-switzerland.ch
www.der4temusketier.de

Die Autoren

 Jörg Helmrich, geb. 1965, ist verheiratet und lebt mit seiner Frau und den vier gemeinsamen Kindern in Duisburg. Seit 2014 arbeitet er ehrenamtlich bei 4M-Deutschland mit, ist Verfasser mehrerer Artikel über seine Erlebnisse bei Charakterwochenenden für christliche Zeitschriften und leitet seit Januar 2018 die 4M-Deutschland-Öffentlichkeitsarbeit. Der gelernte Elektroingenieur ist seit über 25 Jahren im aktiven Einsatzdienst der Berufsfeuerwehr Duisburg.
Bild: Stefan Mikolon

 Marcel Hager ist Coach, Referent und Autor (Mann, Unrasiert/Sehnsucht, Mut und Stärke) und Gründer der christlichen Bewegung 4M Schweiz. Er ist verheiratet, Vater von drei Kindern und wohnt in der Nähe von Zürich.
»Ich liebe das Raue und Wilde, Herausforderungen, Neues entdecken, Abenteuer und alles, was lebendig macht. Pioniergeist, Tatkraft und Willensstärke gehören zu meiner Person. Menschen herausfordern und fördern, an sie glauben und ihr Potenzial wecken ist das, was mich antreibt«.
Bild: Matthias Kummer

Marcel Hager

Mann, unrasiert
Wild, echt und berufen

Viele Männer definieren sich vor allem über das, was sie tun. Dabei gewöhnen sie sich ungesunde (Über-)Lebensstrategien an. Die Angst, nicht zu genügen, hindert sie daran, ihre eigentliche Bestimmung als Männer Gottes zu leben.

Marcel Hager, Leiter der 4te Musketier-Bewegung in der Schweiz, zeigt, dass an erster Stelle immer das Sein als Kind Gottes steht. Erst aus einer sicheren Identität heraus ergibt sich ein Auftrag.

Gebunden, 14 x 21,5 cm, 176 S.
ISBN 978-3-417-26789-1
Auch als E-Book

SCM
R.Brockhaus

Rüdiger Jope (Hrsg.)

Schleifstein
Das Männer-Andachtsbuch

Gott möchte den Charakter, die Persönlichkeit, die Vaterschaft, eben das Beste im Mann, hervorbringen. In 52 Andachten durchlaufen die Autoren wie z.B. Uwe Heimowski und Frank Heinrich das Lukasevangelium und machen dabei spannende und überraschende Entdeckungen. Sie laden zur Auszeit ein und ermutigen, sich Gott zu öffnen, und den Schöpfer selbst an sich arbeiten zu lassen – denn nur eine geschliffene Schneide kann Qualität hervorbringen. Ein Buch, das Mut macht und herausfordert.

Flexcover, 11 x 18 cm, 220 S.
ISBN 978-3-417-26856-0
Auch als E-Book

SCM

R.Brockhaus